W0332786

T A N T R A

MIT ALLEN SINNEN LIEBEN

NITYA LACROIX

TANTRA

MIT ALLEN SINNEN LIEBEN

Urania Verlags AG

Die englische Originalausgabe erschien 1999 bei Anness Publishing Ltd., London,
unter dem Titel
The Tantric Way of Loving. A holistic guide to sensual exploration.
© 1999 by Anness Publishing Ltd., London

Herausgeber: Joanna Lorenz; *Chefredaktion*: Debra Mayhew; *Design*: DW Design; *Stylistic*: Claire Louise Hunt; *Frisuren und Make-up*: Nadia V. Persaud; *Models*: Ralph Beck, Daz Crawford, Kay Marshall, Kerry Anne Martin; *Produktionsleitung*: Karina Han; *Lektorat*: Kate Henderson; *Fotos*: Alistair Hughes, Michelle Garrett

Anmerkung des Verlags

Die in diesem Buch enthaltenen Empfehlungen und Methoden sind kein Ersatz für den Rat des Arztes. Autorin und Verlag übernehmen keine Haftung für die Anwendung der Empfehlungen und Methoden durch den Leser.

Safer-Sex-Praktiken

Um eine Übertragung ansteckender Geschlechtskrankheiten wie HIV-Virus und Aids zu verhindern, sollten Sexualpartner auf Safer-Sex-Praktiken (Kondome usw.) zurückgreifen.

Übersetzt aus dem Englischen von Marion Zerbst

3. Auflage 2002
ISBN 3-908653-13-4
© für die deutsche Ausgabe 2000 by Urania Verlag AGM AG Müller, Neuhausen/Schweiz
Alle Rechte der deutschen Ausgabe, auch die für die Verbreitung durch Film, Funk, Fernsehen, photomechanische Wiedergabe, Tonträger jeder Art, elektronische Medien sowie auszugsweisen Nachdruck, vorbehalten.
Einband: Gerd Aumann, Kreativ Design, Wiesbaden
Satz: Fotosatz Reinhard Amann, Aichstetten
Druck und Bindung in Singapore

Inhalt

EINFÜHRUNG

Der Weg der tantrischen Liebe bietet einen ganzheitlichen Zugang zur Partnerschaft. Indem Sie sich mit Geist, Körper und Seele ganz Ihrer Beziehung widmen, tun Sie gemeinsam etwas dafür, daß Ihr Glück und Ihre Intimität immer intensiver werden. Der moderne Weg des Tantra leitet sich von der uralten östlichen tantrischen Überlieferung her; doch viele dieser Ideen sind auch für heutige Paare immer noch relevant. Bei all dem Streß, der unser modernes Leben belastet, müssen Paare häufig phantasievolle Wege gehen, um das harmonische Gleichgewicht in ihrer Beziehung zu bewahren und weiterzuentwickeln. Die tantrische Liebe hilft Ihnen, sich einen sicheren Zufluchtsort in Ihren Herzen und in der Privatsphäre Ihres Zuhauses zu schaffen, wo Sie ein tiefes Gefühl des Respekts und der Liebe zueinander pflegen können.

▲ *Diese Statue stellt den Weg der Energiezentren im Körper dar.*

Die tantrische Liebe ist mehr als nur eine sexuelle Technik. Sie ist der Entschluß, in jeder Hinsicht ein bewußteres Leben zu führen. Sie hat eine spirituelle Dimension, obwohl sie keinen bestimmten Glauben oder

▼ *Durch eine meditative, tantrische Art der sexuellen Liebe können Sie Ihre emotionale und körperliche Harmonie steigern.*

religiösen Standpunkt erfordert. Für sie ist eine sexuelle Beziehung nicht nur die physische Vereinigung zweier Menschen, sondern ein Nachvollzug des göttlichen Prinzips der Einheit, das die ganze Existenz beherrscht. Tantra lehrt, daß durch die vollkommene Verschmelzung des männlichen und weiblichen Prinzips des Kosmos universale Harmonie und universales Gleichgewicht entstehen.

Somit lädt uns die tantrische Liebe zu einer Erkundungsreise ins heilige Mysterium des Universums ein, um unsere sexuelle Vereinigung dort zu erleben.

Dieses Buch möchte Ihnen nicht die Disziplinen und Geheimnisse des traditionellen Tantra offenbaren oder beibringen, dessen Blütezeit vor ungefähr 5000 Jahren in einigen Gebieten Indiens und Tibets begann. Echte Schüler des Tantra lassen sich jahrelang von einem Lehrer in eine Reihe aufeinander aufbauender esoterischer Praktiken einweihen, die unter dem Namen „Kundalini-Yoga" bekannt sind. Dazu gehören sehr anspruchsvolle Yoga-Positionen und Atemtechniken, Meditation, Gesänge und sexuelles Yoga. Alle dienen der Erreichung eines Zustandes der spirituellen Erleuchtung oder des kosmischen Bewußtseins. Dieses Buch möchte lediglich ein paar Grundideen der tantrischen Liebe herausgreifen und an unsere heutige Situation anpassen, damit Sie die Ekstase Ihres Liebesspiels steigern können.

▲ *Nach der Lehre des Tantra sollte Ihre sexuelle Beziehung voller Freude und Genuß sein. Entspannen Sie sich, genießen und gestalten Sie Ihre sexuellen Begegnungen spielerisch und humorvoll.*

In der Leidenschaft der tantrischen Liebe liegt eine Zurückhaltung, die sie vom normalen Geschlechtsverkehr unterscheidet. Um diesen anderen Weg der sexuellen Liebe zu erleben, müssen Sie vielleicht Ihre gewohnten sexuellen Verhaltensmuster ändern. Denken Sie aber daran, daß die Lehre des Tantra keine Form der sexuellen Aktivität ausschließt oder abwertet, solange zwei Menschen diesen Sexualakt im Geist der Liebe und des beiderseitigen Genusses ausüben. Nach der tantrischen Lehre liegt allen sexuellen Beziehungen das Element der Verschmelzung und

Vereinigung zugrunde; somit beinhalten sie alle die Möglichkeit einer höheren spirituellen Erfahrung. Erkunden Sie den Weg der tantrischen Liebe in dem Tempo, das Ihnen beiden angemessen ist. Setzen Sie sich gegenseitig nicht unter Druck, ein bestimmtes festgelegtes Ziel zu erreichen, und verzichten Sie auch nicht auf die Form der sexuellen Aktivität, die Sie bisher genossen haben. Ritualisieren Sie Ihre tantrischen sexuellen Begegnungen, um sie nicht mit jenen Situationen zu verwechseln, in denen Sie einfach heiße Leidenschaft und Erregung, raschen Sex, sexuelle Phantasien oder einen schnellen Orgasmus genießen möchten. Je mehr Stille und Meditation Sie in Ihr Liebesspiel einfließen lassen, um so tiefer wird Ihre sexuelle Ekstase

▲ *Auf alten hinduistischen Gemälden sind häufig die Liebesrituale und sexuellen Aktivitäten der Adligen im exotischen Ambiente ihrer Boudoirs dargestellt.*

werden. Und vor allem denken Sie daran, daß das Liebesleben, das Sie gemeinsam mit Ihrem Partner gestalten, eine ganz individuelle Ausdrucksform Ihrer Beziehung ist.

Beim tantrischen Liebesakt ist es sehr wichtig, daß der Mann seinen Orgasmus hinauszögert. Manche traditionellen östlichen Schulen empfehlen dem Mann, seinen Samenerguß völlig zurückzuhalten und höchstens bei drei von zehn Liebesakten zu ejakulieren. Dem Tantra und der chinesischen Lehre des Taoismus zufolge erschöpft der Samenerguß die Lebensenergie des Mannes und schwächt ihn sowohl spirituell als auch physisch. Tantra lehrt, daß man die Energie des Orgasmus als Kraft zur inneren Wandlung nutzen kann.

▸ *Die erotischen Skulpturen im Konarak- und Khajuraho-Tempel in Indien stellen den Aufstieg des menschlichen Geistes von der gewöhnlichen Kopulation zu einem transzendenten Zustand sexueller Vereinigung dar.*

▾ *Beim tantrischen Liebesakt gibt der Mann sich der Energie der Frau hin und betet sie mit allen seinen Berührungen an, ohne jedoch die Kontrolle über seine Leidenschaft zu verlieren.*

DIE CHAKREN

Schon seit Jahrhunderten ist in östlichen Philosophien, Religionen und Heiltraditionen bekannt, daß es einen Energiekörper gibt, der parallel zu unserem physischen Körper existiert. Sieben Hauptenergiezentren, die Chakren, befinden sich an bestimmten Stellen dieses Energiekörpers. Diese Chakren stehen mit den existentiellen Kräften des Universums in Wechselbeziehung, die von einem göttlichen Bewußtsein beherrscht werden. Laut Tantra entfesselt bewußte Sexualität in unserem Körper eine mächtige Kraft, die „Kundalini-Energie". Die Kundalini ist die aktive, weibliche, kreative Energie, die sich in der gesamten Materie des Universums manifestiert. Normalerweise schlummert sie verborgen in uns, doch wenn sie durch Yoga-Praktiken, Meditation und sexuelle Aktivität erweckt wird, steigt sie durch unseren Energiekörper auf und kann bis zum Scheitel-Chakra, dem Sitz der kosmischen Einheit und Glückseligkeit, emporgelangen. Jedes Chakra wird mit einer der Regenbogenfarben (siehe Abb. rechte Seite) und mit einem bestimmten Schwingungsniveau in Verbindung gebracht.

Im Tantra ist die sexuelle Kundalini-Energie eine weibliche, kreative Kraft, die oft in Form einer auseinandergerollten Schlange dargestellt wird.

GANZ LINKS: Sitzen Sie beieinander, und atmen Sie meditativ in jedes Chakra hinein. Konzentrieren Sie sich ganz besonders auf das Herz-Chakra – das Energiezentrum für Liebe, Verschmelzung und Einfühlungsvermögen.

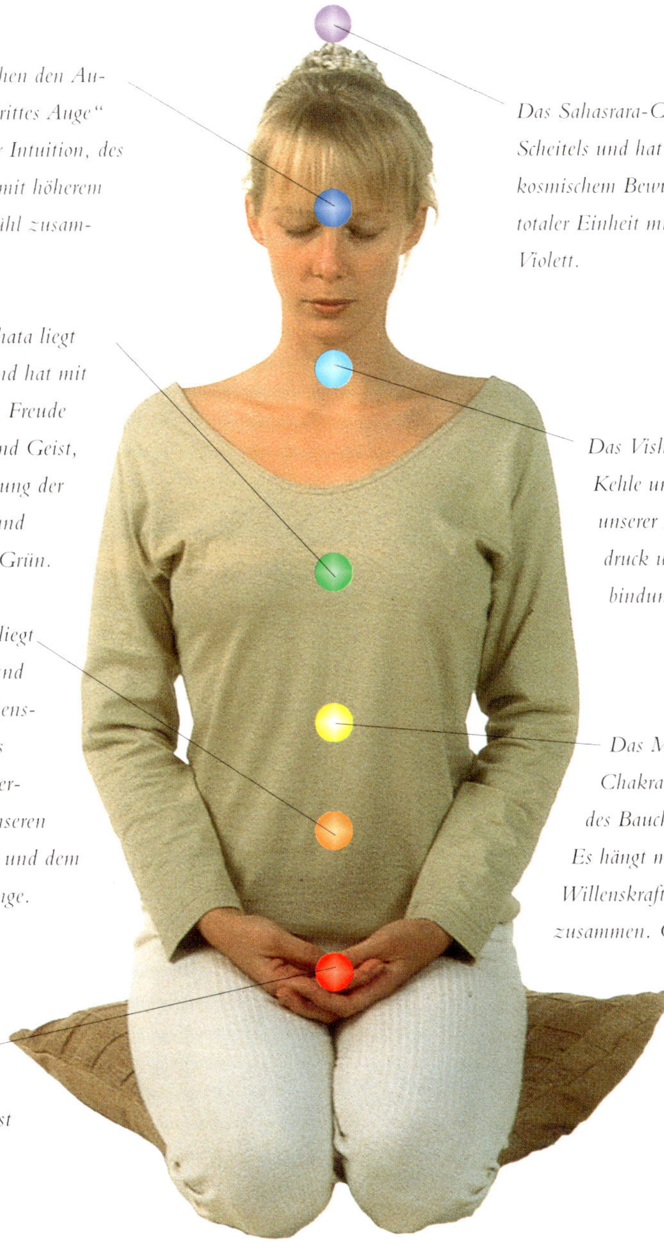

Das Ajna-Chakra liegt zwischen den Augenbrauen und wird oft als „drittes Auge“ bezeichnet. Es ist der Sitz der Intuition, des „sechsten Sinns“, und hängt mit höherem Wissen, Intellekt und Mitgefühl zusammen. Indigo.

Das Sahasrara-Chakra liegt oberhalb des Scheitels und hat mit Selbsterkenntnis, kosmischem Bewußtsein, Glückseligkeit und totaler Einheit mit dem Ganzen zu tun. Violett.

Das Herz-Chakra oder Anahata liegt zwischen den Brustwarzen und hat mit Liebe, Einfühlungsvermögen, Freude und der Einheit von Körper und Geist, aber auch mit der Verschmelzung der gegensätzlichen männlichen und weiblichen Energien zu tun. Grün.

Das Vishuddha-Chakra liegt in der Kehle und steht mit dem Bewußtsein unserer selbst, mit Reinheit, Ausdruck und Kommunikation in Verbindung. Blau.

Das Svadhishthana-Chakra liegt direkt unterhalb des Nabels und ist die Quelle der vitalen Lebensenergie, das Kernzentrum des Gleichgewichts und der Schwerkraft in uns. Es hängt mit unseren Gefühlen, der Fortpflanzung und dem Sexualtrieb zusammen. Orange.

Das Manipura- oder Solarplexus-Chakra liegt genau in der Mitte des Bauches unter dem Brustkorb. Es hängt mit Intellekt, Macht, Willenskraft, Ego und Aktion zusammen. Gelb.

Das Basis-Chakra oder Muladhara liegt unten an den Geschlechtsorganen und wird mit Überleben und Sexualität, Schmerz und Lust assoziiert. Rot.

Gleichgewicht und Harmonie

Im Mittelpunkt der tantrischen Lehre steht das Streben nach Einheit und Harmonie. Tantra versucht das Gleichgewicht zwischen den einander polar entgegengesetzten männlichen und weiblichen Kräften wiederherzustellen, die die gesamte Existenz beherrschen. Nach der tantrischen Lehre ist die Beziehung zwischen einem Mann und einer Frau eine mikrokosmische Inszenierung des grundlegenden Gesetzes, das das ganze Universum regiert. Wenn diese beiden gegensätzlichen Energien nicht miteinander harmonieren, entsteht Streit. Befinden sie sich jedoch in Harmonie miteinander, so ergänzen sie sich gegenseitig und verschmelzen zu einer Einheit. Nach der Lehre des Tantra erwächst Glück aus diesem Zustand vollkommener Einheit.

In einer tantrischen Liebesbeziehung herrscht eine tiefe emotionale und sexuelle Vertrautheit; sie ruht auf einem starken Fundament ehrlicher, aufrichtiger Kommunikation. Gegenseitiges Vertrauen ist sehr wichtig, denn ohne Vertrauen können Offenheit und Respekt – wesentliche Bestandteile einer intimen Beziehung – nicht gedeihen.

▲ *Durch Respekt und Unterstützung kann eine Beziehung auf eine Weise gedeihen und reifen, die beiden Geschlechtern zugute kommt.*

Beim ersten Ansturm sexueller Erregung, den wir zu Beginn einer Beziehung unweigerlich erleben, sind diese Qualitäten noch nicht unbedingt vorhanden. Oft setzt die Leidenschaft andere Überlegungen außer Kraft. Sie hat zwar ihre eigene Dynamik und bindende Kraft, ist ihrem Wesen nach aber vergänglich. Die ganzheitliche Liebe ist dauerhafter und wurzelt im Akzeptieren unserer eigenen Menschlichkeit und der unseres Partners. Wir haben alle unsere besonderen Stärken und Schwächen, und indem wir diese Eigenschaften an einem anderen Menschen respektieren und mögen, schaffen wir die Basis für Gleichheit in einer Beziehung, so daß es gar nicht erst zu Macht- und Manipulationsspielen kommen kann.

Vertrautheit entsteht, wenn wir unsere Gedanken und Gefühle und unseren Körper mit dem geliebten Partner teilen. Zwei Menschen, die sich lieben, sollten sich einander hundertprozentig öffnen und aufeinander zugehen – Herz, Geist, Körper und Seele in ihre Gemeinschaft einbringen. Manchmal ist das ein schmerzhafter Prozeß, weil wir dann vielleicht die

Verteidigungsmauern einreißen müssen, die wir gegen die Verletzungen des Lebens (manchmal auch gegen Verletzungen aus früheren Partnerschaften) so mühsam errichtet haben. Oft erfordert es eine tiefe, ehrliche Selbsterforschung, die Ursachen des Schmerzes in unserem eigenen Inneren zu finden, damit wir die Schuld an unseren Problemen oder unerfüllten Bedürfnissen nicht immer dem Partner zuschieben. Wir brauchen Toleranz, Großzügigkeit und Phantasie, um zu begreifen, daß unser Gegenüber vielleicht andere Bedürfnisse und Ansichten hat als wir. Und es erfordert auch Mut, unsere Gefühle und unsere persönlichen Erwartungen an eine Partnerschaft deutlich und aufrichtig zum Ausdruck zu bringen.

Wenn zwei Menschen sich gegegnseitig ihre Verletzlichkeit zeigen, kann eine tiefe Zärtlichkeit entstehen.

Lassen Sie Ihre männlichen und weiblichen Stärken zu einem wichtigen Einfluß in Ihrer Beziehung werden.

EMOTIONALE AUFRICHTIGKEIT

Wenn Sie Konflikte in Ihrer Partnerschaft gleich bereinigen, sobald sie entstehen, wird Ihr Liebesleben stets spontan bleiben, weil es nicht durch heimlichen Groll oder Zorn beeinträchtigt wird, der sonst leicht Spannungen zwischen Ihnen und Ihrem Partner erzeugen könnte. Die tantrische Liebe ist eine ganzheitliche Erfahrung. Man kann sich seinem sexuellen Erleben nicht rückhaltlos hingeben, wenn man auf emotionaler Ebene irgend etwas zurückhält. Nehmen Sie sich vor, regelmäßig Zeit einzuplanen, in der Sie unterschwellige Probleme in aller Ruhe besprechen und den Standpunkt Ihres Partners verstehen können. Auf positive Art und Weise miteinander zu kommunizieren und zuzuhören, obwohl es schwierige Probleme zu besprechen gibt, ist in einer Beziehung eine sehr wichtige Fähigkeit.

Wenn Sie es für nötig halten, setzen Sie eine bestimmte Zeit fest, um die Probleme zu besprechen, die Sie bedrücken und einen Konflikt in Ihrer Partnerschaft erzeugen. Jeder sollte eine genau festgelegte Zeit (jeweils 5–10 Minuten) zugeteilt bekommen, in der er seine Probleme ruhig und ohne Unterbrechung darlegen kann. Der andere Partner sollte aufmerksam zuhören und versuchen, die Worte seines Gegenübers in sich aufzunehmen, ohne in die Defensive zu gehen. Wenn Sie dann an der Reihe sind, haben Sie Gelegenheit, Ihren eigenen Standpunkt vorzutragen, und können sicher sein, daß auch Ihr Partner Ihnen ruhig zuhören wird, ohne Sie zu unterbrechen. Achten Sie auf Ihre Körpersprache: Nehmen Sie eine entspannte, offene Körperhaltung ein und keine einschüchternde, verschlossene oder unterwürfige. Signalisieren Sie mit Ihrer Körpersprache, daß Ihnen die Kommunikation und der Gedankenaustausch mit dem Partner willkommen ist.

▲ *Die Bereitschaft, dem Partner Ihre Gefühle mitzuteilen, erfüllt Ihre Beziehung mit Leben.*

Sprechen Sie in klaren, einfachen Worten über Ihre Wünsche und Bedürfnisse. Übernehmen Sie selbst die Verantwortung, indem Sie nicht in „Du"-, sondern in „Ich"-Sätzen reden. Mit Anschuldigungen erreichen Sie nur, daß Ihr Partner auf Distanz geht.

Versuchen Sie, nicht dominierend zu wirken, indem Sie laut werden oder eine herablassende Haltung einnehmen. Haben Sie keine Angst davor, Ihre Verletzlichkeit zu zeigen. Vertrauen Sie darauf, daß Ihre Partnerin Ihnen zuhören wird.

Zeigen Sie dem Partner durch Ihre Körpersprache, daß Sie ihn unterstützen. Wenn Sie sich zu ihm hinüberlehnen, Blickkontakt halten und nach seiner Hand greifen, zeigen Sie ihm damit, daß Sie sich für seinen Standpunkt interessieren.

Die Freuden des sexuellen Gebens und Nehmens

Ihre Sexualität ist ein wertvoller, wichtiger Teil Ihres Wesens und verdient es, mit Respekt behandelt zu werden. In einer vertrauten, tantrischen Beziehung sollten die beiden Partner einander ihren Körper und ihre Sexualität uneingeschränkt anvertrauen können. Wenn die beiden sich gegenseitig ehren, gibt es keine sexuellen Grenzen oder Regeln außer denen, auf die sie sich geeinigt haben.

Physische Vertrautheit entsteht, indem Sie sich einander öffnen und Ihre sexuellen Gedanken, Gefühle, Ängste, Wünsche und Phantasien miteinander teilen. Nehmen Sie sich Zeit, um miteinander über diese Dinge zu reden – aber nur dann, wenn nicht gerade unterschwellige Spannungen zwischen Ihnen bestehen. Kritisieren Sie einander niemals in sexueller Hinsicht, und verwenden Sie sexuelle Geheimnisse, die Sie sich gegenseitig anvertraut haben, nicht gegeneinander.

Finden Sie Möglichkeiten, sich Ihre sexuellen Wünsche und Vorlieben in einer spielerischen, kooperativen Form zu zeigen. Gehen Sie miteinander ins

Wenn Sie jeden Zentimeter seines Körpers mit den Lippen erkunden, wird er sich seines eigenen Körpers und seiner Sinnlichkeit bewußter und Sie erfahren mehr über ihn.

Schlafzimmer, aber nicht unbedingt, um Geschlechtsverkehr miteinander zu haben, sondern um neue Ebenen des physischen Genusses zu erkunden und mehr über die sexuellen Vorlieben Ihres Partners herauszufinden. Wählen Sie dafür einen Zeitpunkt, an dem Sie ungestört und keinem äußeren Druck ausgesetzt oder müde sind.

Berühren und streicheln Sie sich gegenseitig, und setzen Sie dabei verschiedene Formen des taktilen Kontakts ein: Berühren Sie einander mit den Lippen, der Zunge, den Fingern und anderen Körperteilen, um den ganzen Körper Ihres Partners kennenzulernen. Sagen Sie sich gegenseitig, wie und wo Sie besonders gern berührt und geküßt werden. Zeigen Sie einander, wie Sie an Ihren intimsten Stellen gestreichelt und stimuliert werden möchten. Erklären Sie Ihrem Partner, wie er Ihre Geschlechtsteile streicheln, küssen und mit der Zunge berühren soll, um Sie zu erregen. Die sexuellen Bedürfnisse von Männern und Frauen können sehr unterschiedlich sein.

Spielen Sie gemeinsam ein paar Ihrer erotischen Phantasien nach. Seien Sie offen dafür, etwas Neues auszuprobieren, doch respektieren Sie dabei stets Ihre eigenen Grenzen und die Ihres Partners. Setzen Sie ihn oder sie niemals unter Druck, einen Liebesakt gegen seinen oder ihren Willen auszuführen. Wenn Sie eine vertraute sexuelle Beziehung miteinander haben und sich dem Partner öffnen, können Sie sich beide während des Liebesakts total entspannen.

▼ *Lernen Sie von ihr, wie und wo Sie gern berührt und liebkost werden möchte, und genießen Sie es, daß ihre erogenen Zonen über den ganzen Körper verteilt sind.*

▼ *Sexuelle Spannung löst sich leichter, wenn Sie in physischer Hinsicht spielerisch miteinander umgehen können.*

Die Kunst der sexuellen Erregung

Es ist allgemein bekannt, daß ein Mann sexuell schneller erregbar ist als eine Frau und auch rascher zum Höhepunkt kommt, während die Frau langsamer in Erregung gerät, diese aber dafür länger anhält. In der Kunst des Liebesspiels sollten Mann und Frau sich bemühen, diese Unterschiede so miteinander in Einklang zu bringen, daß ihre sexuelle Erregung sich mehr im gleichen Tempo steigert, so daß beide zu sexueller Befriedigung gelangen. Die tantrische Liebe legt großen Wert auf das natürliche Recht der Frau, den Höhepunkt ihrer sexuellen Ekstase zu erreichen. Deshalb muß der Mann lernen, seine Leidenschaft zu zügeln und in der Liebe selbstlos zu sein. Seine Geduld wird durch das Glück seiner Partnerin belohnt werden. Die Kunst der sexuellen Erregung liegt in der sinnlichen Erweckung des ganzen Körpers und darin, daß man in jede Berührung und Liebkosung sein ganzes Sein hineinlegt. Erleben Sie jeden Augenblick des physischen Kontakts um des Vergnügens willen, und nicht als Mittel zum Zweck. Stürzen Sie sich nicht zu hastig in den Geschlechtsverkehr, und versuchen Sie auch nicht möglichst rasch zum Höhepunkt zu kommen, sondern versinken Sie in dem Genuß eines ausgedehnten sexuellen Vorspiels. Nehmen Sie sich Zeit, einander umschlungen zu halten und gemeinsam langsam und tief zu atmen, und sehen Sie sich zwischendurch immer wieder in die Augen, um Ihre vertraute, emotionale Beziehung zu stärken.

▲ *Nicht jede Berührung muß erregend wirken. Sie können den Grad Ihrer sexuellen Erregung in einem natürlichen Rhythmus ansteigen und wieder abebben lassen.*

▲ *Sie wird es gern haben, wenn Sie jeden Zentimeter ihrer Haut mit Küssen bedecken. Streicheln Sie mit den Lippen ihren Rücken und stimulieren Sie ihre intimen Stellen.*

▲ *Jeder Teil ihres Körpers verdient Ihre Aufmerksamkeit und ist sensibel für erotische Berührungen. Nehmen Sie nacheinander ihre Fingerspitzen in den Mund, saugen Sie sanft daran und umspielen Sie sie mit der Zungenspitze.*

▶ *Seien Sie beim Küssen ebenso hingebungsvoll wie beim Liebesakt selbst. Mund, Lippen und Zunge sind in erotischer Hinsicht äußerst sensibel, und wenn sie voller Bereitschaft und Empfänglichkeit aufeinandertreffen, verschmelzen männliche und weibliche Energien miteinander.*

Die Erotik der Frau

Wenn ein Mann mit einer Frau schläft, sollte er es in einer Haltung des Respekts und der Verehrung tun; ihr Körper sollte für ihn ein Tempel des Genusses und gleichzeitig ein Altar der Anbetung sein. In tantrischen Texten wird die Sexualität der Frau als heiliges Mysterium und als Weg bezeichnet, auf dem sie und ihr Partner zu physischer und spiritueller Ekstase gelangen können. Bei der Frau sind die erogenen Zonen über den ganzen Körper verteilt, und sie reagiert besonders sensibel auf Berührungen. Daher sollte ihr Partner jeden Teil ihres Körpers mit Küssen und Liebkosungen verwöhnen. Ihre Sexualität wird nicht nur durch seine physischen Umarmungen erweckt, sondern auch durch das Gefühl, daß er sie liebt und schätzt. Ein einfühlsamer Liebhaber achtet darauf, ob die Frau durch das liebevolle gemeinsame Vorspiel hundertprozentig sexuell erregt ist, ehe er in sie eindringt. Im Zustand der Erregung richten sich häufig die Brustwarzen der Frau auf, ihre Haut rötet sich und ihre Scheidensäfte beginnen zu fließen. Mit ihren Worten, Seufzern und körperlichen Reaktionen signalisiert sie ihrem Geliebten, daß sie nun emotional und physisch dazu bereit ist, ihn in sich aufzunehmen. In historischen östlichen Schriften zum Thema Sexualität wurden die intimsten Geschlechtsorgane der Frau – Scheide und Klitoris – in kunstvollen Worten beschrieben. Im hinduistischen Tantra finden sich Begriffe wie Edelstein oder Lotos (bei den Indern eine heilige Blume), während die taoistische Überlieferung in China sich poetischer Ausdrücke wie Jadetor, Tal der Freuden und Perle bediente.

◄ *Ihr ganzer Körper sehnt sich nach Ihren Liebkosungen. Also widmen Sie sich allen Teilen ihres Körpers, nicht nur bestimmten erogenen Zonen. Streicheln und kneten Sie ihre Beine und Füße; sie reagieren sehr sensibel auf Berührungen.*

◄ *Auch die Umgebung ihrer Geschlechtsteile ist erotisch sehr ansprechbar. Verwöhnen Sie ihre Oberschenkel und ihren Bauch mit Küssen und sinnlichen Berührungen.*

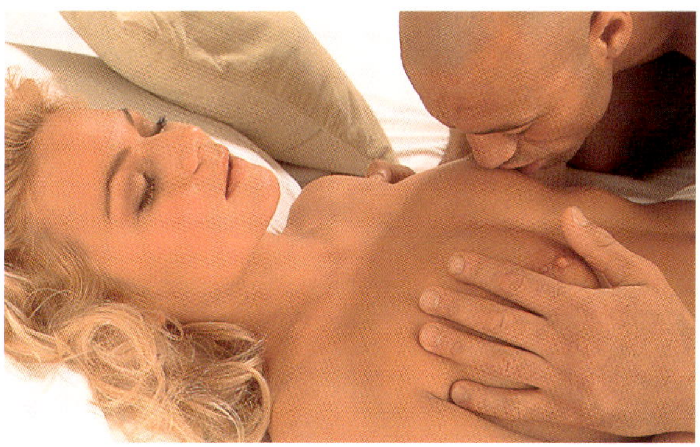

▲ *Bedecken Sie ihr Gesicht mit sanften Küssen, und streichen Sie mit den Lippen über ihre Stirn, ihre Ohren und Augen, ehe Sie sie auf den Mund küssen. Diese intimen Liebkosungen werden ihr Herz für Sie öffnen.*

◄ *Ihre Brüste gehören zu den erogensten Zonen. Indem Sie sie küssen und mit der Zunge berühren und an ihren Brustwarzen saugen, können Sie sie in sexuelle Erregung versetzen. Berühren Sie ihre Brüste stets mit Respekt.*

DIE EROTIK DES MANNES

▲ *Konzentrieren Sie Ihre Aufmerksamkeit nicht direkt auf seine Geschlechtsorgane. Reizen Sie ihn zunächst, indem Sie Bauch und Oberschenkel zärtlich beschnuppern und küssen.*

Visuelle Reize spielen für die sexuelle Erregung des Mannes normalerweise eine bedeutende Rolle. Ebenso wichtig ist die direkte Berührung der wichtigsten erogenen Zone des Mannes – des Penis. Ohne eine direkte Stimulierung des Penis und seiner sensiblen Spitze, der Eichel, ist es für den Mann sehr schwer, zum Orgasmus zu kommen. Es ist ein wichtiger Bestandteil der Liebeskunst, daß die Frau beim Geschlechtsakt ihr Becken richtig zu bewegen versteht und weiß, wie sie sein Geschlechtsorgan küssen und liebkosen soll, ohne daß er vorzeitig zum Höhepunkt kommt. Sie sollte versuchen, von ihrem Partner zu lernen, welche erotischen Berührungen und Bewegungen ihm sexuelle Lust bereiten, und auch an seinen Signalen erkennen, wann sie ihr Tempo verlangsamen sollte. Unsere Kultur hat es den Männern bisher meist verweigert, die Sinnlichkeit ihres ganzen Körpers so zu erleben, wie Frauen es durften. Sie werden oft schon von Kindesbeinen an darauf getrimmt, „harte Männer" zu sein und ein distanziertes Verhältnis zu ihrem Körper zu haben – außer wenn es um sportlichen Wettkampf und Ausdauer geht. Die feineren Nuancen der physischen und taktilen Sinnlichkeit, die in der einfühlsamen tantrischen Liebeskunst eine so wichtige Rolle spielen, werden dabei häufig vernachlässigt. In alten tantrischen Ritualen war es üblich, daß der männliche Schüler seinen Körper vor sexuellen Zeremonien badete und einsalbte. Dabei absolvierte er kunstvolle Riten, berührte bestimmte Teile seines Körpers und sang spezielle Laute, die seine physische, spirituelle und energetische Reaktionsfähigkeit auf seine Geschlechtspartnerin steigern sollten.

Ein Mann muß eine gesteigerte Sensibilität für seinen eigenen Körper entwickeln. Er sollte den erotischen Ganzkörperkontakt eines ausgedehnten sexuellen Vorspiels um seiner selbst willen genießen.

▲ *Wenn Sie mit Ihren Brüsten und Ihrem Bauch über ihn hinweggleiten, wird ihm die sinnliche Sensibilität seines Rückens bewußt.*

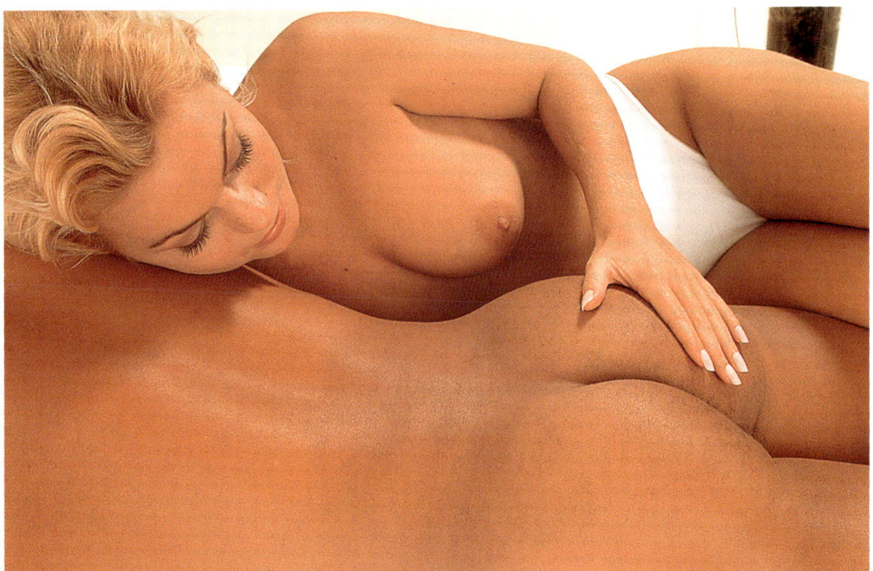

▶ *Stimulieren Sie ihn auch an den Gesäßbacken und Hüften. Das Liebkosen dieser Muskeln kann sehr erregend sein, ebenso wie das Streicheln seines Damms und seiner Hoden.*

Rituale der Hingabe

In der tantrischen Liebe gibt es viele kleine rituelle Akte der Hingabe, denn das ist eine Möglichkeit, um den Respekt und die Liebe in einer Partnerschaft am Leben zu erhalten und einander auch nach langjähriger Beziehung immer noch zu ehren. Im traditionellen Tantra schenkten die Eingeweihten einander vor ihren sexuellen Zeremonien Blumen, Essen und Wein. Außerdem salbten, massierten und berührten sie sich gegenseitig. Die kunstvollen Rituale trugen dazu bei, daß die Schüler sich auf die Heiligkeit der Sexualität konzentrierten. Die beiden Liebenden müssen sich selbst und ihre Umgebung in dem Bewußtsein auf den Geschlechtsverkehr vorbereiten, daß sie an einem physischen Akt teilnehmen werden, der seinem Wesen nach aber etwas Spirituelles ist.

Dieses hinduistische Gemälde zeigt die Verführungskünste eines Liebhabers.

Düfte der Liebe

Tantrische Liebespaare haben in ihren zeremoniellen Ritualen schon immer gern Düfte eingesetzt. Nach der tantrischen Lehre ist unsere Nase das Sinnesorgan, das die sexuelle Energie entfacht. In den traditionellen tantrischen Liebeszeremonien wurden die Körper der beiden Partner mit duftenden Tränken aus Hölzern, Pflanzen und Kräutern gesalbt, um ihre physische Sinnlichkeit zu steigern und gleichzeitig ihr spirituelles Bewußtsein zu erhöhen. Heutzutage können Sie Ihre eigenen Liebesdüfte zusammenstellen.

Ätherische Öle sind Essenzen, die durch Destillation aus verschiedenen Naturstoffen wie Blüten, Kräutern, Früchten, Blättern, Wurzeln, Pflanzensäften und Baumrinden hergestellt werden. Diese Essenzen besitzen viele heilende Eigenschaften der Pflanzen, von denen sie stammen, und mit ihren speziellen Düften können sie Liebende in Stimmung versetzen und eine Atmosphäre schaffen, die eine transzendente Liebesbegegnung fördert. Sandelholz und Kampfer gehören zu den Düften, die bei Zeremonien am liebsten eingesetzt werden, während man Weihrauch und Zedernholz schon immer mit Religion und Andacht in Verbindung gebracht hat. Jasmin und Rose werden schon seit Jahrhunderten mit Liebe und Verführung assoziiert.

▲ *Wählen Sie die ätherischen Öle aus, die Ihnen und Ihrem Liebespartner am meisten zusagen.*

▲ *Bevor Sie Ihren Partner oder Ihre Partnerin massieren, geben Sie ein paar Tropfen ätherischen Öls ins Basisöl.*

Ätherische Öle für intime Stunden

▲ *Muskatellersalbei*

Indem Sie ätherische Öle selbst mischen, um eine duftende Atmosphäre für die Liebesbegegnung zu schaffen und Ihre Sinnlichkeit zu steigern, bringen Sie den wichtigen rituellen Aspekt in Ihr Liebesspiel ein. Eignen Sie sich ein fundiertes Wissen über die physischen und geistig-seelischen Wirkungen an, die man mit den verschiedenen Ölen erzielen kann. Lassen Sie sich dabei von Ihrer instinktiven Reaktion auf die einzelnen Düfte und ihre Kombinationen leiten. Schon bald werden Sie spüren, wie bestimmte Düfte sich auf Ihre Stimmung auswirken. Jene Mischungen, die sowohl auf Sie als auch auf Ihren Liebespartner positiv wirken, eignen sich am besten für den tantrischen Liebesakt. Mischen Sie niemals mehr als drei verschiedene ätherische Öle auf einmal, sonst ist die Wirkung für Ihren Geruchssinn zu überwältigend.

▲ *Ingwer*

Bestimmte ätherische Öle sind schon seit langem für ihre aphrodisischen Eigenschaften berühmt:

SANDELHOLZ hat einen holzig-süßen Duft, der die Sinnlichkeit weckt und den Geist beruhigt. PATSCHULI stammt ebenso wie Sandelholz aus Indien und wurde in den traditionellen Tantra-Ritualen eingesetzt. Der nachhaltige Moschusduft dieses Öls wirkt entspannend und weckt doch gleichzeitig sexuelle Wünsche und Phantasien. Der JASMIN, dessen betäubend duftende Blüten sich nachts öffnen, wird schon lange mit dem mächtigen Einfluß der Liebe in Verbindung gebracht. Jasmin-Extrakt hat eine besonders positive Wirkung auf die männliche Sexualität; es hilft, sexuelle Spannungen abzubauen, und fördert die physische und emotionale Wärme. ROSENÖL-Extrakt ist der weiblichste aller Düfte und wird mit Liebe, Heilung und Verführung assoziiert. Mit seinem süßen Zauber heilt dieses Öl emotionale Wunden und ermutigt das Herz, wieder Vertrauen zu haben. Der unvergeßliche, bittersüße Duft von

▼ *Sandelholz*

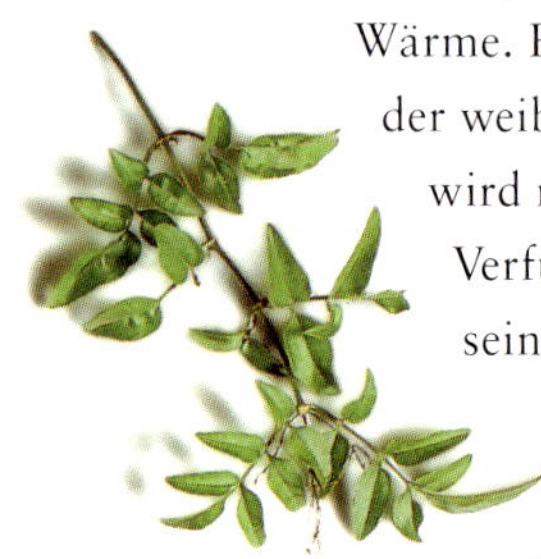

▲ *Jasmin*

NEROLI-Extrakt – einem Öl, das aus Orangenblüten hergestellt wird – soll bei sexuellen Ängsten helfen und gleichzeitig Männlichkeit und Fruchtbarkeit stärken. Mit Rosen- und Jasminöl vermischt, ergibt es ein verführerisches Aroma für die Stunden der Liebe. YLANG-YLANG hat einen süßen, exotischen Duft, dem man zu Recht eine erotisierende Wirkung zuschreibt; man sollte nur ein paar Tropfen davon verwenden, da sein berauschender Duft sonst zu überwältigend wirkt. Das ebenfalls aus Indien stammende BASILIKUM ist ein stärkendes ätherisches Öl, das die sexuelle Energie entfachen soll. BENZOE, SCHWARZER PFEFFER und INGWER erfüllen Herz und Körper mit Wärme;

▲ *Wacholder*

▲ *Benzoe*

MUSKATELLERSALBEI versetzt Sie in euphorische Stimmung. Aus Zitrusgewächsen hergestellte Öle wie LIMONE, ORANGE und BERGAMOTTE bringen Lebensfreude und eine spielerische Note in Ihre Liebesbeziehung.

▼ *Lavendel*

Manche ätherischen Öle – beispielsweise LAVENDEL und GERANIE – haben zwar keine aphrodisische Wirkung, fördern aber das seelische Gleichgewicht. WACHOLDER wirkt beruhigend, lindert Ängste und nervöse Anspannung. Der harzige Duft des WEIHRAUCHS und das holzige Aroma der ZEDER erfüllen die Seele mit Gelassenheit, wirken dadurch erhebend und fördern die Konzentration.

Achten Sie beim Kauf ätherischer Öle auf gute Qualität, und lagern Sie sie an einem kühlen, vor Sonnenlicht geschützten Ort. Ölmischungen sollten in dunklen Glasfläschchen oder Porzellangefäßen aufbewahrt werden, aber nicht in Plastikbehältern, da die Öle eine chemische Reaktion mit dem Kunststoff eingehen könnten.

Tragen Sie ätherische Öle niemals direkt auf die Haut auf, sondern verdünnen Sie sie der Anleitung gemäß mit einem natürlichen Pflanzenöl (z. B. Traubenkern-, Sonnenblumen- oder Mandelöl). Ätherische Öle haben eine sehr starke Wirkung; daher sollte man sich stets an die Gebrauchsanleitung des Herstellers oder an die Empfehlungen eines qualifizierten Aromatherapeuten halten.

Sinnliche Düfte

Es gibt viele Möglichkeiten, Ihr Liebesleben durch den sanften Zauber ätherischer Öle zu bereichern. Zum Beispiel können Sie vor dem Liebesakt allein oder zu zweit ein Bad nehmen, in das Sie bis zu sieben Tropfen einer Mischung aus aphrodisierenden und entspannenden Ölen geben. Vermischen Sie die Tropfen zunächst mit einem Teelöffel Mandelöl, und geben Sie diese Mischung dann ins eingelaufene Badewasser. Rühren Sie gründlich um, damit das Öl sich gut im Wasser verteilt. Dann legen Sie sich entspannt in die Badewanne und atmen tief ein, um den Duft in sich aufzunehmen. Wählen Sie hautfreundliche Öle aus.

▲ *Kerzen und Düfte im Badezimmer wirken berauschend auf die Sinne.*

▲ *Der Duft von Blüten und Ölen versetzt Sie in romantische Stimmung.*

▲ *Duftende Seifen und Körperlotions machen das Bad zu einem sinnlichen Erlebnis.*

Durch Aufstellen einer Duftlampe können Sie Ihr Liebesgemach in einen sanften, einladenden Wohlgeruch hüllen. Geben Sie sieben Tropfen Ihrer Duftmischung in die Wasserschale, und zünden Sie das Teelicht darunter an, so daß die verführerisch duftenden Dämpfe den Raum erfüllen. Statt dessen kann man auch Aromatherapie-Kerzen verwenden.

Sie können aber auch ein reines Pflanzenöl mit ein paar Tropfen eines ätherischen Öls versetzen, um das zärtliche Erlebnis einer liebevollen Ganzkörpermassage zu intensivieren, mit der Sie und Ihr Partner sich gegenseitig verwöhnen. Solche Partnermassagen können emotional und physisch sehr entspannend wirken; man kann sie aber auch als Vorspiel zum Liebesakt genießen. Kreieren Sie eine romantische, beflügelnde, die Sinne anregende Mischung, indem Sie 12–14 Tropfen verschiedener ätherischer Öle in 25 ml ($1^1/_2$ Teelöffel) eines Pflanzenöls geben.

Die kombinierte Wirkung von Massagegriffen und dem Aroma duftender Öle löst Verspannungen und hilft ihr, ganz locker und gelöst zu werden.

Eine brennende Aromalampe erfüllt das ganze Zimmer mit Duft. Lassen Sie sie aber niemals unbeaufsichtigt, solange das Teelicht darin brennt.

Liebevolle Berührungen

Die Berührung ist eine der intensivsten Kommunikationsformen zwischen zwei Menschen. Wenn man liebevoll seine Hände auf den Körper eines anderen Menschen legt, vermittelt man ihm damit eine Tiefe des Gefühls, die weit über die Wirkung bloßer Worte hinausgeht. Berührungen stehen direkt mit unserer inneren Welt der Emotionen in Verbindung. Die liebevollen Hände eines anderen Menschen auf seinem Körper zu spüren, ist ein Erlebnis, das uns sehr stark bewegt. Die Macht der zärtlichen Berührung gibt uns das Gefühl eines harmonischen Gleichgewichts zwischen Körper, Geist und Seele wieder. Erforschen Sie die Welt der Berührungen auf eine Weise, die nicht nur etwas mit sexueller Erregung zu tun hat. Lernen Sie ein paar der wichtigsten Massagegriffe, um sich mit der Kunst der Berührung vertraut zu machen und sich ein wenig sicherer zu fühlen. Durch eine Massage können Sie den Körper Ihres Partners lockern, Verspannungen lösen und ihm das Gefühl des inneren Friedens zurückgeben. Eine Massage revitalisiert das ganze physische System, weckt die Sinnlichkeit und belebt die Haut, so daß sie voll empfindungsfähig wird. Sie ist das vollkommenste Geschenk, das zwei Menschen einander machen können.

Bereiten Sie die Umgebung, in der Sie Ihren Partner oder Ihre Partnerin massieren möchten, so vor, daß sie einladend und entspannend wirkt. Achten Sie darauf, daß das Zimmer warm, gut gelüftet und die Beleuchtung gedämpft und beruhigend ist. Legen Sie

Sanfter Kerzenschein schafft eine beruhigende Atmosphäre für die Partnermassage.

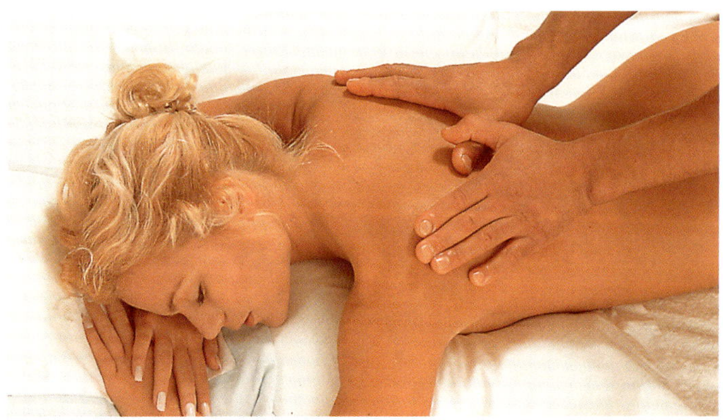

Eine Massage ist ein schönes Geschenk. Sie können Ihren Partner damit beruhigen und entspannen.

eine Matratze oder Steppdecke auf den Boden; das bietet Ihnen beim Massieren einen besseren Halt und mehr Bewegungsspielraum. Legen Sie frisch gewaschene Bettlaken oder Badetücher auf die

Ihr Partner wird Ihre Mühe zu schätzen wissen, um eine einladende Atmosphäre für die Massage zu schaffen.

Unterlage, damit sie keine Ölflecken bekommt, und halten Sie auch saubere Handtücher und eine Decke bereit, um Ihren Partner damit zuzudecken, falls er frieren sollte.

Schaffen Sie mit ätherischen Ölen ein duftendes Ambiente. Musik steigert das Gefühl der Entspannung und schafft eine romantische Atmosphäre.

Eine zärtliche Massage

Das Wichtigste an einer Massage ist das zärtliche, liebevolle Gefühl, das Sie in Ihre Hände legen, während Sie den Körper Ihres Partners berühren. Vertrauen Sie Ihren Händen, und folgen Sie einfach Ihrer Intuition; sie wird Ihnen eingeben, wie und wo Sie ihn massieren sollen. Wenn Sie ein paar Grundtechniken aus Büchern oder in einem Massage-Kurs lernen, werden Sie sich sicherer fühlen. Ihre Massagegriffe können fest und dennoch sanft sein, Geborgenheit schenken und dabei doch spielerisch sein, sinnlich und beruhigend zugleich wirken. Massieren Sie Ihren Partner oder Ihre Partnerin stets voller Respekt und Ehrerbietung für den Körper, der vor Ihnen liegt. So kann man eine Massage zu einer echten tantrischen Erfahrung machen.

Achten Sie während des Massierens auch auf Ihren eigenen Körper und Ihre Bequemlichkeit; denken Sie daran, daß Ihre Haltung gerade, offen und entspannt und Ihre Atemzüge tief und mühelos sein sollten. Wenn Sie sich innerlich ruhig und entspannt fühlen, wird von Ihrer Massage etwas Meditatives ausgehen, das Ihnen beiden zugute kommt. Streichen Sie in rhythmischen, fließenden Bewegungen über den Körper Ihres Geliebten, folgen Sie dabei seinen sinnlichen Rundungen, und beziehen Sie seinen ganzen Körper in die Massage ein. Ihre Hände sollten stets sanft und geschmeidig sein, selbst wenn Sie stärkeren Druck ausüben. Stellen Sie sich vor, daß Sie den Körper Ihres Partners mit Ihren Händen modellieren wie ein Bildhauer.

1 *Verteilen Sie das Öl mit sanften, fließenden Streichbewegungen über den Körperbereich, den Sie massieren möchten. Entspannen und stimmen Sie sich aufeinander ein.*

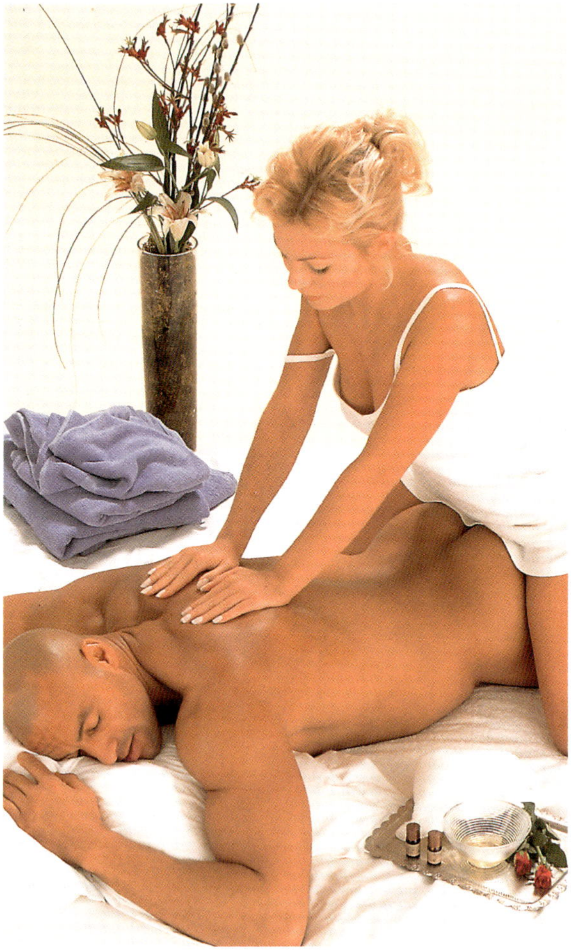

2 *Wenn Sie sich rittlings auf die Hüften Ihres Partners setzen, können Sie ihm mit langen, weit ausholenden Streichbewegungen den Rücken massieren.*

3 *Eine Massage kann therapeutisch und sinnlich zugleich wirken. Beziehen Sie stets die ganzen Konturen seines Körpers – beispielsweise Schultern, Hüften und Gesäß – ein.*

Eine sinnliche Massage

Einige der sinnlichsten Massagegriffe lassen sich an vielen verschiedenen Körperteilen anwenden; man braucht sie nur auf die Größe der betreffenden Körperregion abzustimmen und Druck und Tempo entsprechend zu variieren. So können Sie sich aus relativ wenigen, einfachen Streichbewegungen ein ganzes Repertoire beruhigender, sinnlicher Berührungen aufbauen. Die sanften, streichenden Bewegungen haben eine hypnotische, entspannende Wirkung. Gleichzeitig wärmen und beleben Sie seinen Körper damit und bereiten ihn vor, so daß er später sensibler auf Ihre erotischen Berührungen reagiert. Wiederholen Sie jede Folge von Streichbewegungen dreimal.

Fächerförmiges Streichen

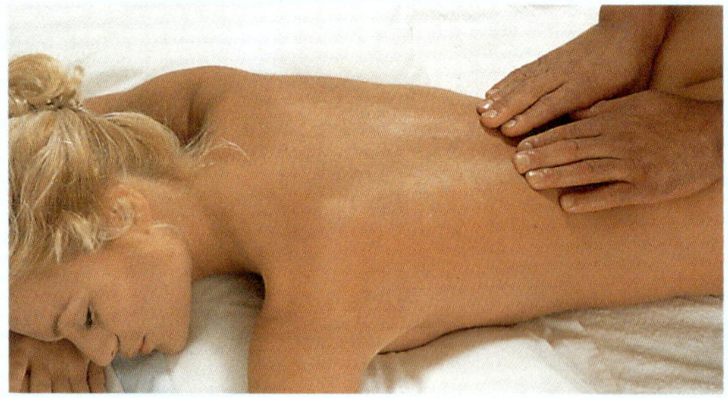

1 Um mit den Händen fächerförmig am Rücken Ihrer Partnerin zu streichen, legen Sie Ihre Handflächen rechts und links flach neben ihre Wirbelsäule.

Federmassage

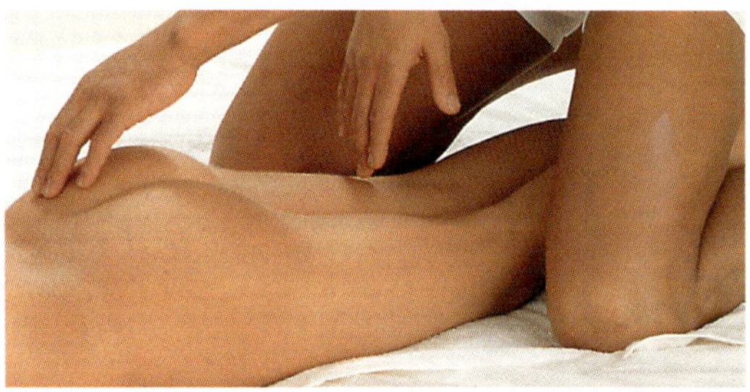

Federähnliche Berührungen erzeugen einen angenehmen Kitzel auf der Haut. Streichen Sie mit den Fingerspitzen leicht von oben nach unten, wobei Ihre Hände übereinandergreifen.

Kreisförmige Massagebewegungen

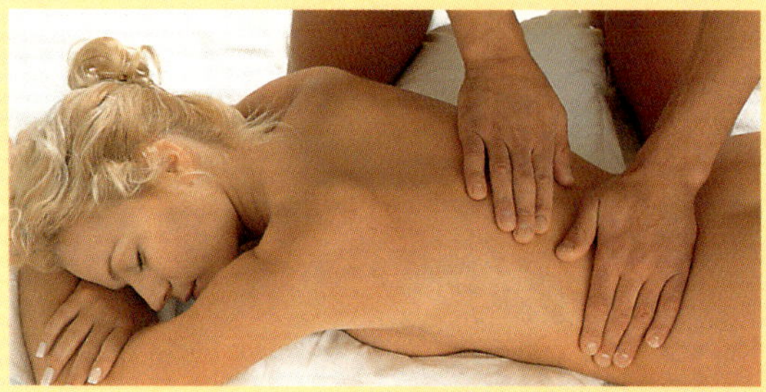

1 Legen Sie beide Hände parallel zueinander auf Rücken oder Bauch Ihres Partners. Die Finger zeigen von Ihnen weg. Gleiten Sie mit gleichmäßigen Kreisbewegungen im Uhrzeigersinn über seine Haut.

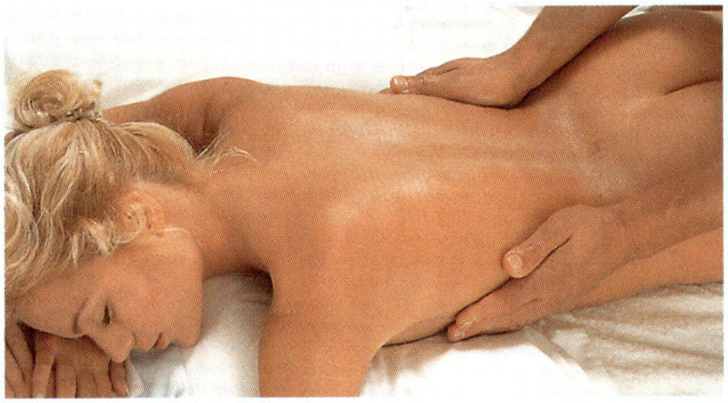

2 Streichen Sie nun mit beiden Händen sanft nach außen zu ihren Seiten hin, bis sie an ihrem Brustkorb anliegen.

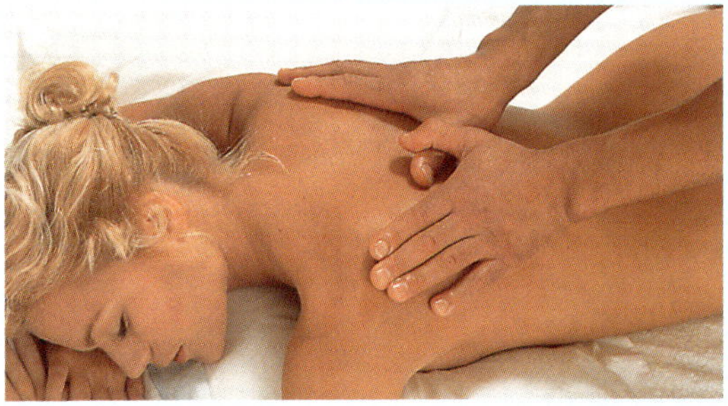

3 Beugen Sie Ihre Handgelenke, um mit den Händen in die Ausgangsposition zurückzukehren.

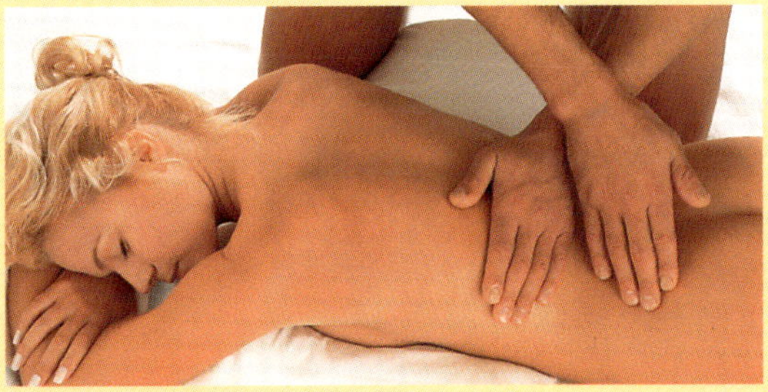

2 Heben Sie die rechte Hand, damit die linke eine vollständige Kreisbewegung ausführen kann. Bewegen Sie Ihre rechte Hand über das linke Handgelenk.

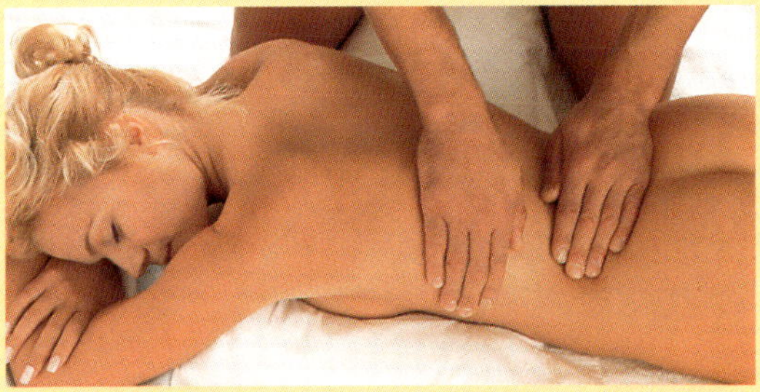

3 Setzen Sie diese kreisförmigen Massagestriche fort. Denken Sie daran, daß Ihre linke Hand stets auf dem Körper der Partnerin bleibt.

Massage intimer Bereiche

Eine Massage kann ein sinnlicher Auftakt zum Liebesakt sein, vor allem, wenn Sie die erogenen Zonen Ihres Partners mit liebevollen Berührungen zu erregen verstehen. Es ist jedoch wichtig, mit Ihren Berührungen den ganzen Körper des Partners zu ehren. Liebkosen sie seine intimsten Stellen mit sanften, nicht fordernden Händen. Es ist besser, ihn nicht gleich übermäßig zu erregen. Wenn die Massage ein Vorspiel zum Liebesakt sein soll, verwöhnen Sie mit Ihren Händen liebevoll jeden Zentimeter seiner Haut. Verehren Sie nicht nur den Körper, sondern das ganze Wesen Ihres geliebten Partners von den Fingerspitzen bis zu den Zehen. Streicheln Sie ihn niemals auf eine Art, die er nicht mag, und versuchen Sie ihn mit Ihrer Massage

▲ *Umschließen Sie mit den Händen sanft die Fülle ihrer Brüste, und streichen Sie liebevoll darüber hin.*

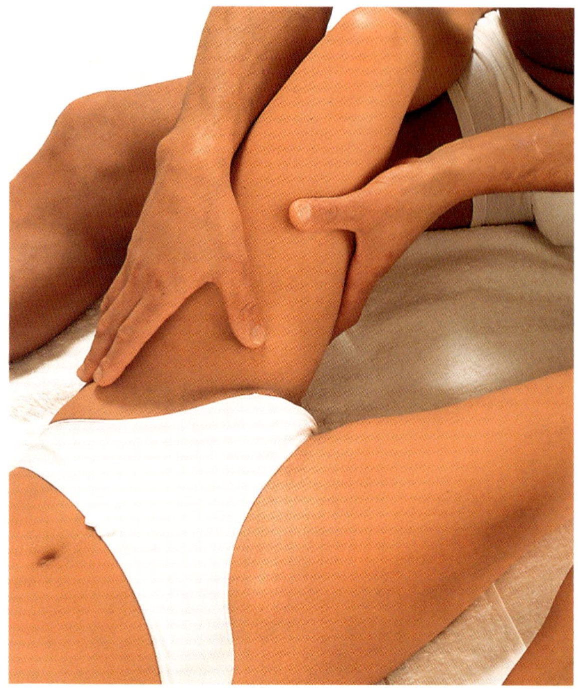

▲ *Wärmen und lockern Sie ihre Oberschenkel mit fließenden Streichbewegungen, um Spannungen zu lösen.*

auch nicht auf ein sexuelles Ziel hin zu manipulieren, wenn er nicht einverstanden damit ist.

Wenn Sie als Mann Ihrer Partnerin eine sinnliche Massage gönnen, berühren Sie ihre Brüste ganz sanft und vorsichtig. Sie können sie umfassen und mit den Fingern liebevoll über die Brustwarzen streichen; aber verharren Sie nicht zu lange bei den Brüsten, sondern integrieren Sie diese erotische Berührung in die fließenden, fächerförmigen Bewegungen, mit denen Sie den ganzen Oberkörper Ihrer Partnerin streicheln. Auf die gleiche Weise massieren Sie ihre Beine; gleiten Sie dabei mit den Händen sanft an den Innenseiten ihrer Oberschenkel entlang, und umkreisen Sie mit sensiblen, einfühlsamen Streichbewegungen ihre Leistengegend. Dringen Sie nie mit einem abrupten Griff in ihren Genitalbereich ein, sondern lassen Sie Ihre Hand sanft über ihren Venushügel und ihre Schamlippen gleiten.

Wenn die Frau den Mann massiert, sollte sie zunächst das Öl auf seiner Haut verteilen, um seinen ganzen Körper anzuwärmen. Dann sollte sie sich ganz besonders auf seine Gesäßbacken und Oberschenkel konzentrieren, zuerst mit sanften, gleitenden Bewegungen, dann mit festerem Druck. Wenn er auf dem Rücken liegt, entspannen Sie seinen Unterleib mit sanften Kreisen und beugen sich dabei dicht über ihn, so daß Ihre Haare oder Brüste über seine Haut streifen. Massieren Sie sanft seinen Genitalbereich, liebkosen Sie Penis und Hoden, aber stimulieren Sie ihn dabei nicht zu sehr. Lenken Sie seine Aufmerksamkeit auch auf andere Teile seines Körpers, indem Sie mit den Händen nach unten an seinen Beinen entlangstreichen oder nach oben über seine Brust fahren.

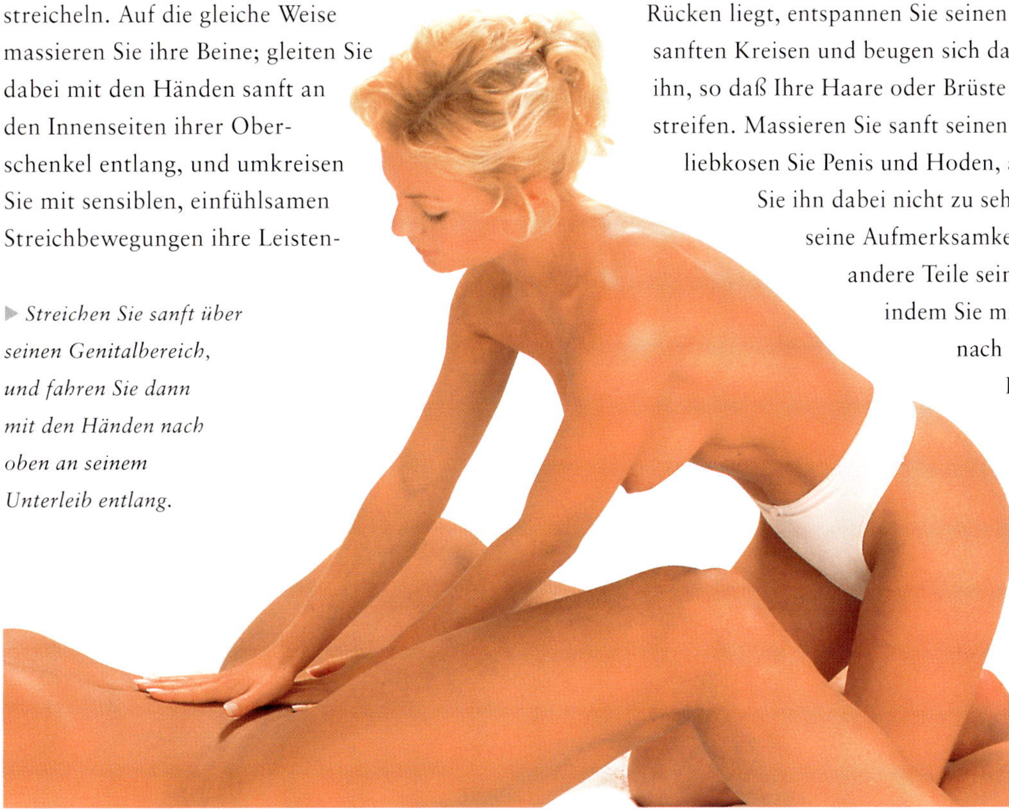

▶ *Streichen Sie sanft über seinen Genitalbereich, und fahren Sie dann mit den Händen nach oben an seinem Unterleib entlang.*

EINE LIEBEVOLLE GESICHTSMASSAGE

Das Gesicht Ihres geliebten Partners zu berühren und zu massieren, ist etwas sehr Persönliches; dazu müssen Ihre Hände die ganze Bewußtheit und Sensibilität besitzen, die die tantrische Liebe fordert. Streichen Sie mit sanften, gewandten, gleichmäßigen Handbewegungen über seine Gesichtszüge. Wenn Sie mit den

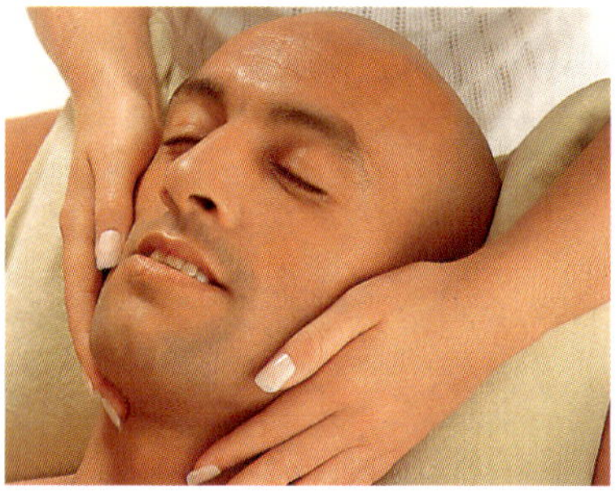

1 Geben Sie etwas Öl auf Ihre Hände, und streichen Sie mit den Händen sanft erst seitlich an seinem Nacken hinauf und dann über Kinn und Kiefer.

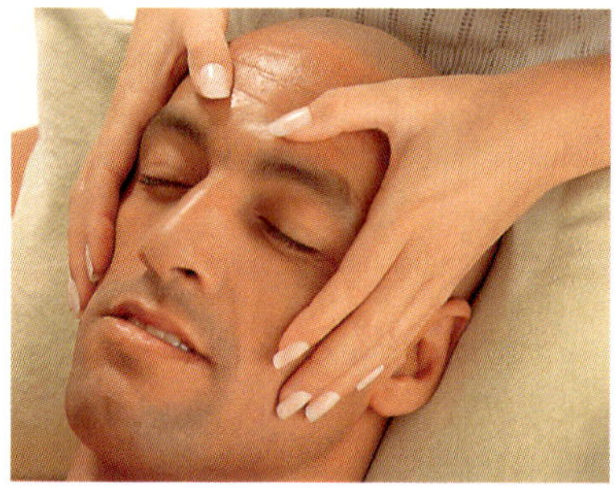

2 Gleiten Sie mit den Daumen in gleichmäßigen, ununterbrochenen Bewegungen von der Stirnmitte zu den Schläfen hin. Wiederholen Sie diesen Griff.

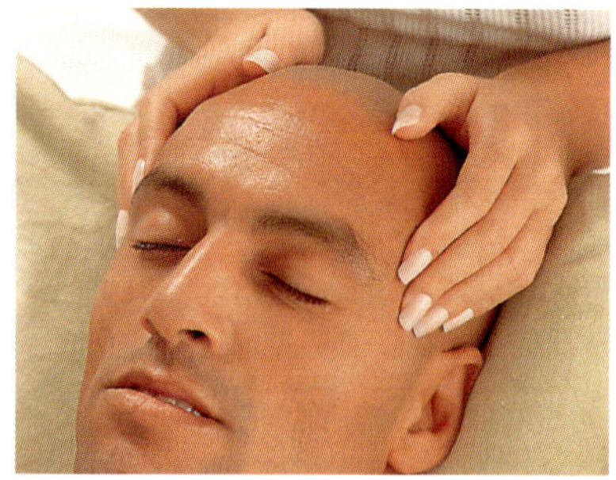

3 Umfassen Sie mit sanften Händen seinen Kopf, und lassen Sie die Fingerspitzen in beruhigenden Kreisbewegungen im Uhrzeigersinn über seine Schläfen gleiten.

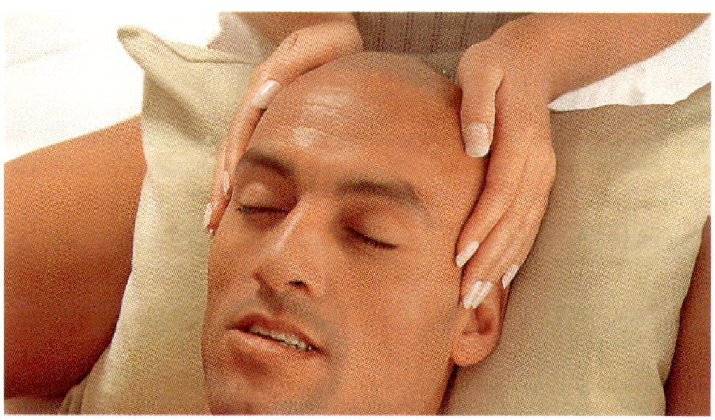

7 Streichen Sie mit entspannten Handflächen beruhigend nach oben über seine Schläfen und seine Kopfhaut; dann ziehen Sie die Hände von seinem Kopf weg.

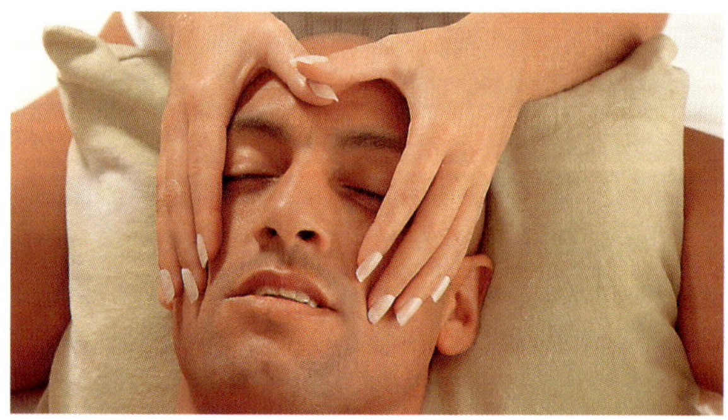

8 Bedecken Sie die fleischige Fläche seiner Wangen und den Bereich um Mund und Kiefer mit kreisenden Bewegungen der Fingerspitzen gegen den Uhrzeigersinn.

Händen über Schläfen, Stirn, Ober- und Unterkiefer streichen, beseitigen Sie Spannungen, beleben Ihren Partner und schenken ihm neue Energie und Vitalität. Eine Gesichtsmassage läßt ihn entspannter und spontaner werden. Sie eignet sich hervorragend als Auftakt oder Abschluß einer Ganzkörpermassage.

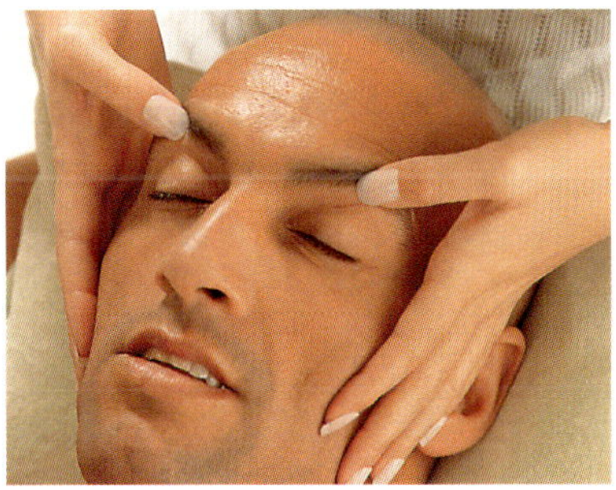

4 Fahren Sie mit den Daumen vom inneren zum äußeren Ende seiner Augenbrauen, und drücken Sie dann mit den Fingerbeeren vorsichtig.

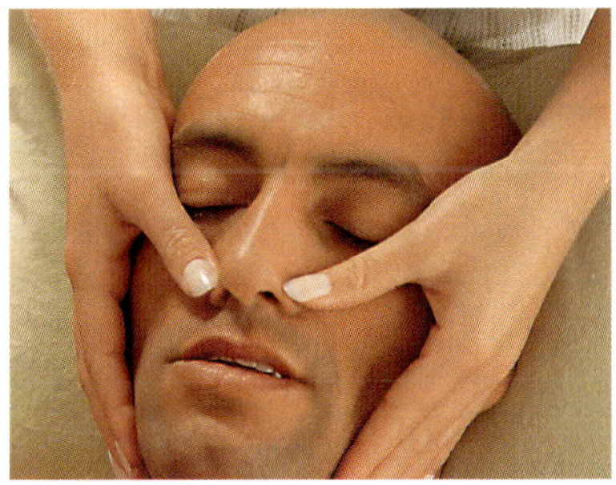

5 Nun legen Sie die Daumenballen rechts und links vom Nasenrücken an und lassen sie mit festem Druck zu den Nasenlöchern hinunter.

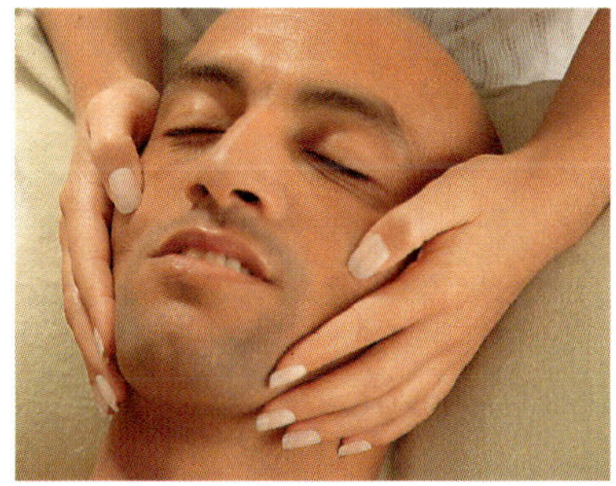

6 Als nächstes gleiten Sie mit den Daumenballen direkt unter die Wangenknochen. An den Seiten seines Gesichts wird der Druck Ihrer Hände sanfter.

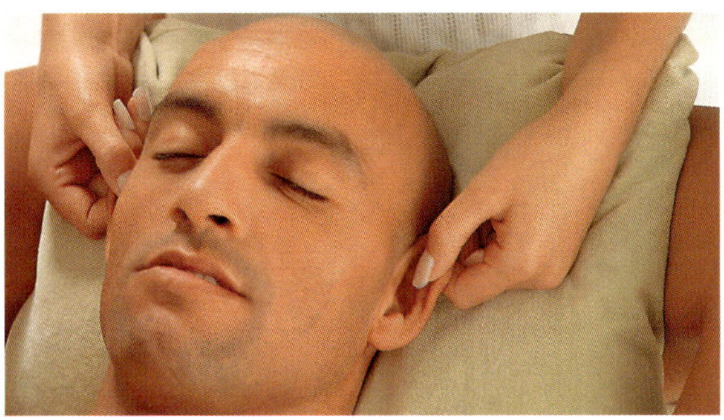

9 Stützen Sie die Rückseite seiner Ohren mit den Zeigefingern, und machen Sie dann mit den Daumen winzig kleine Kreise auf Ohrläppchen und Ohrmuschel.

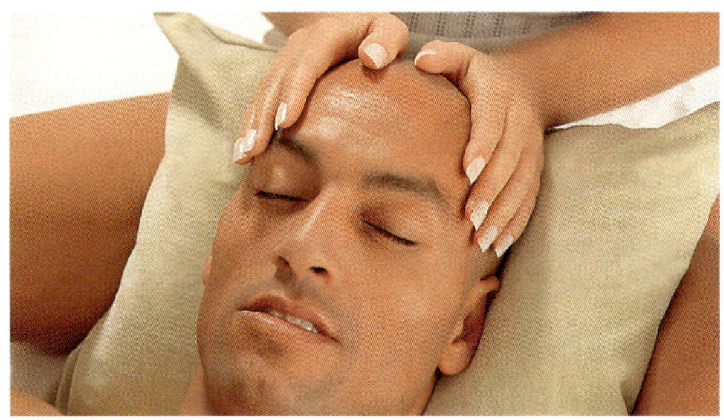

10 Zum Schluß umfassen Sie den Kopf Ihres Geliebten und wiegen ihn sanft und ruhig zwischen den Händen hin und her. Ihre Daumen ruhen dabei auf der Stirnmitte.

Ein entspannendes Liebesritual

Die Füße Ihres Partners zu baden und zu massieren kann zu einem Ihrer ganz besonderen Rituale werden. Stellen Sie eine Schüssel bereit, die so groß sein muß, daß beide Füße hineinpassen, und füllen Sie sie zu zwei Dritteln mit warmem Wasser. Für ein besonders luxuriöses Bad geben Sie bis zu vier Tropfen eines ätherischen Öls hinein – entspannendes Lavendel- oder kühlendes Pfefferminzöl eignet sich hervorragend für ein Fußbad. Eine sinnlichere Mischung erhalten Sie durch zwei Tropfen Patschuli und zwei Tropfen Lavendelöl. Helfen Sie Ihrem Partner, sich bequem hinzusetzen, und fordern Sie ihn auf, seine Füße mindestens 10 Minuten lang in dem Wasser zu baden. Dann seifen Sie seine Füße ein und drücken und kneten sanft den ganzen Fuß. Schließlich tupfen Sie die Füße mit einem weichen, warmen Handtuch trocken. Nun massieren Sie erst einen Fuß und dann den anderen.

▼ *Gönnen Sie einander abwechselnd eine entspannende Fußmassage. So kommen Sie alle beide in den Genuß dieser anregenden und zugleich beruhigenden Wirkung.*

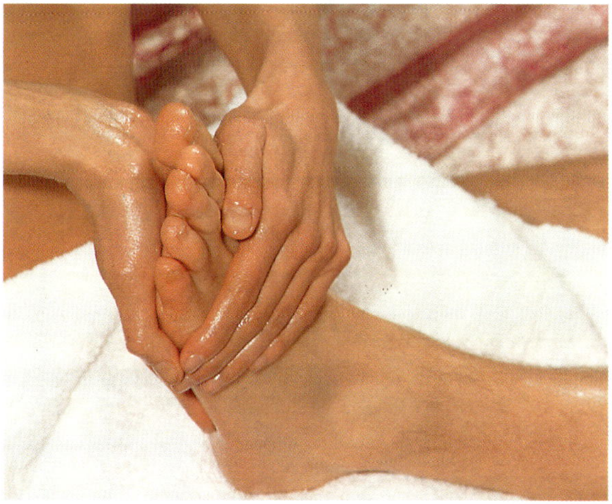

1 Halten Sie jeden Fuß bis zu 30 Sekunden lang sanft zwischen Ihren Händen, um dem Partner ein Gefühl entspannender Wärme zu vermitteln.

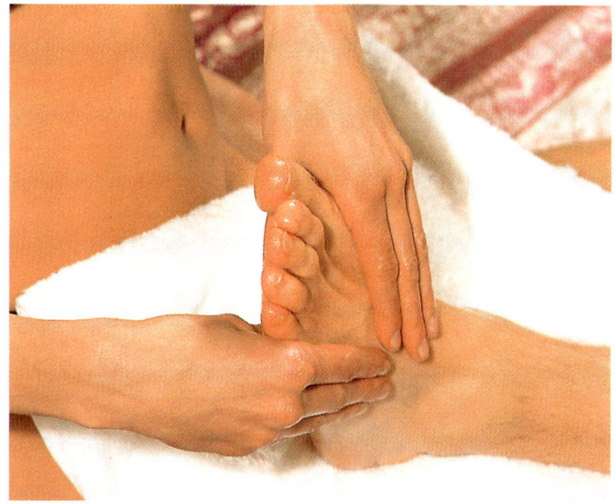

2 Streichen Sie mit den Händen mehrmals sanft und gleichmäßig von den Zehen zum Fußknöchel und um den Knöchel herum.

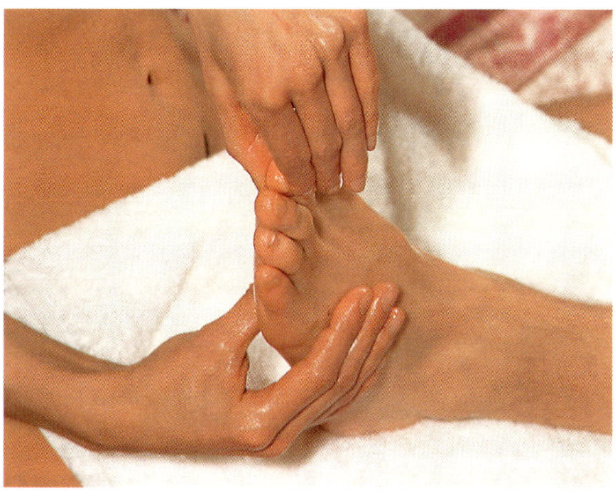

3 Stützen Sie den Fuß mit einer Hand, und dehnen Sie dann nacheinander alle Zehen, indem Sie sie zwischen Daumen und Zeigefinger nehmen.

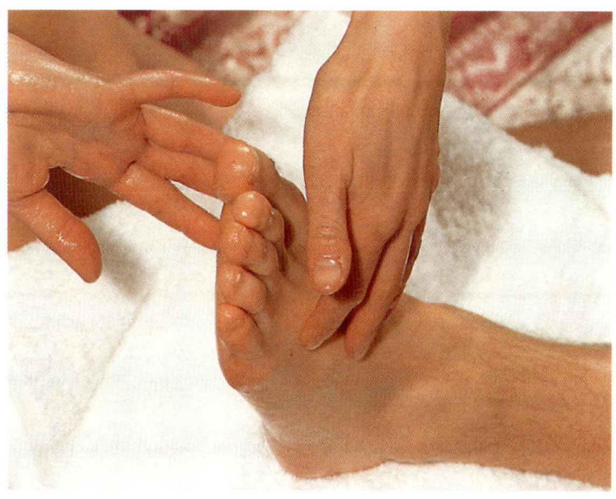

4 Beenden Sie die Fußmassage mit Federmassagestrichen, indem Sie mit den Fingerspitzen sanft über Fußsohle und Fußrücken zu den Zehen hin streichen.

Zu innerer Ruhe finden

Die Ruhe der Meditation öffnet das Tor zur tantrischen Liebe. Meditation ermöglicht es uns, zu innerem Gleichgewicht zu finden, unseren Geist zu konzentrieren und spirituelle Ganzheit zu erlangen. Diese Eigenschaften der inneren Klarheit und Gelassenheit bilden die Grundlage der tantrischen Sexualität, die eher der Ruhe und Harmonie als der Erregung und Leidenschaft entspringt. Planen Sie regelmäßig Zeit (15–40 Minuten) für Meditationen ein – entweder allein oder zu zweit. Sie können sich von einem Meditationslehrer spezielle Atemtechniken beibringen lassen oder einfach in der friedlichen Umgebung Ihres eigenen Zuhauses ruhig dasitzen und meditieren. Weihen Sie einen bestimmten Bereich Ihrer Wohnung – wenn möglich sogar ein ganzes Zimmer – ausschließlich der Meditation und dem tantrischen Liebesakt. Wählen Sie einen Zeitpunkt, zu dem Sie Ruhe haben, und schalten Sie Telefon, Radio und Fernsehgerät aus. Schaffen Sie eine Atmosphäre, die der Meditation förderlich ist, indem Sie die Vorhänge zuziehen, Kerzen anzünden und sie auf einen Altar stellen, zu dem Sie ein niedriges Tischchen oder eine Kiste umfunktioniert haben. Der Duft bestimmter ätherischer Öle verstärkt die meditative Stimmung – Sie können zum Beispiel drei Tropfen Zedernöl, zwei Tropfen Weihrauch und zwei Tropfen Rosenöl-Extrakte miteinander vermischen. So entsteht ein Duft, der Sie spirituell beflügelt und Ihr Herz öffnet. Setzen Sie sich bequem im Schneidersitz auf Kissen. Ihre Wirbelsäule sollte entspannt, aber dennoch gerade sein, Schultern und Brustkorb weiten sich, und Ihre Hände ruhen mit den Handflächen nach oben auf den Oberschenkeln. Wenn Sie auf dem Boden nicht be-

▲ *Wenn Sie Stille in Ihren Geist einkehren lassen und mit dem Strom Ihrer Atemzüge eins werden, breitet sich ein Gefühl ruhiger Gelassenheit aus.*

quem sitzen können, setzen Sie sich auf einen Stuhl; achten Sie aber darauf, daß Ihre Wirbelsäule dabei gestreckt bleibt. Richten Sie Ihre Aufmerksamkeit auf Ihre Atemzüge; das ist der Schlüssel zur Meditation. Schließen Sie die Augen, und konzentrieren Sie sich auf die Atemluft, die sanft und gleichmäßig zu Ihren Nasenlöchern hinein- und wieder hinausströmt. Nach einer Weile lassen Sie Ihre Atemzüge tiefer werden und nehmen bewußt wahr, wie Ihr Unterleib sich bei jedem Ein- und Ausatmen hebt und senkt.

▼ *Sitzen Sie regelmäßig in ruhiger Atmosphäre beisammen, um gemeinsam zu meditieren. Dieses Ritual wird eine größere Ruhe und Gelassenheit in Ihre Beziehung hineinbringen.*

Wie man die Energie weckt

Je mehr Sie meditieren und je meditativer Ihr Liebesakt wird, um so mehr Energie wird in Ihrem Inneren erwachen. Vielleicht erleben Sie dieses Erwachen der Energie als einen Strom von Schwingungen. Wenn der Energiestrom in Ihrem Inneren blockiert ist, haben Sie weniger Lebenskraft. Fließt Ihre Energie dagegen ungehindert, so befinden Sie sich mehr im Gleichgewicht mit sich selbst und Ihrer äußeren Umgebung. Das gesunde Funktionieren Ihrer Chakren oder Energiezentren wirkt sich auch auf Ihre psychische, emotionale und physische Gesundheit aus. Dann können Sie im Alltagskampf, in Ihrer Sexualität, Ihrem persönlichen Macht- und Einflußbereich, in Liebe, Kommunikation, Intelligenz, Intuition und

◄ *Lassen Sie zunächst einmal fünf Minuten lang einen Energiekreislauf zwischen sich und Ihrem Partner entstehen. Legen Sie dazu Ihre rechte Handfläche über die linke Handfläche Ihres Geliebten. Stellen Sie sich vor, daß Sie beim Einatmen Energie von ihm empfangen und ihm beim Ausatmen Ihre Energie übermitteln.*

Spiritualität all Ihre Möglichkeiten viel besser ausschöpfen. Meditieren Sie auf Ihre Chakren, indem Sie Ihr Bewußtsein und Ihre Atemzüge zu den Stellen Ihres Körpers hinlenken, wo sich die Chakren befinden, und entwickeln Sie eine gesteigerte Sensibilität für deren feine Schwingungen und die damit verbundenen Gefühle. Schauen Sie sich die graphische Darstellung der Chakren in der Einleitung dieses Buches noch einmal an, und machen Sie sich mit den Positionen und Eigenschaften der einzelnen Chakren vertraut. Sitzen Sie ruhig in Meditationshaltung da, und konzentrieren Sie Ihre Atemzüge und Ihr Bewußtsein jeweils ungefähr drei Minuten lang auf jedes Chakra. Beginnen Sie beim Basis-Chakra, und gehen Sie dann allmählich immer weiter nach oben bis zum Scheitel-Chakra. Visualisieren Sie die mit jedem Chakra assoziierte leuchtende Regenbogenfarbe, und atmen Sie dabei in das jeweilige Chakra hinein. Zum Schluß dieser Meditation gleiten Sie mit Ihren Atemzügen wieder den zentralen Energiekanal in Ihrem Körper hinab, bis Sie beim Basis-Chakra angelangt sind. Nehmen Sie sich nach einer solchen Chakra-Meditation stets genügend Zeit, um sich auszuruhen.

▲ *Atmen Sie im gleichen Rhythmus, und konzentrieren Sie sich drei Minuten lang auf jedes Chakra. Zum Schluß lassen Sie Ihren Atem wieder aus dem Kronen-Chakra ins Basis-Chakra hinabgleiten.*

Die Verschmelzung der sexuellen Energien

Wenn Sie sich auf energetischer Ebene sexuell miteinander vereinigen, so daß all Ihre Bewegungen sich ganz spontan und mühelos wie von selbst ergeben, können Sie den Liebesakt fast als etwas Körperloses empfinden – als würden Sie ohne die Barriere Ihrer physischen Gestalt miteinander tanzen und verschmelzen. Dieses Gefühl des Miteinander-Verschmelzens steht im Mittelpunkt der tantrischen Liebe, denn dadurch treten die gegensätzlichen männlichen und weiblichen Energien in harmonischen Einklang miteinander. So schaffen Sie das Gleichgewicht, aus dem Ekstase erwächst. Eine der wichtigsten Techniken der tantrischen Liebe ist das tiefe, bewußte Atmen. Unser Atem ist das Bindeglied zwischen Körper, Geist und Seele; er entfacht die Lebensenergie unseres Körpers. Atmen ist zwar etwas Unwillkürliches; doch wenn Sie tief und bewußt atmen, entspannt sich Ihr ganzes Sein, Ihr Körper wird sensibler und Sie sind emotional viel offener. Wenn Sie sich so füreinander öffnen und aufeinander reagieren, beginnen Ihre sexuellen Energien miteinander zu verschmelzen. Zur tantrischen Liebe gehören Vertrautheit, Verbundenheit, Stille und dieses Miteinander-Verschmelzen. Damit unterscheidet sie sich grundlegend von unserem normalen sexuellen Verhalten, das sehr aktiv, manchmal beinahe aggressiv ist und bei dem immer viel „getan" und der Partner stimuliert und erregt wird. Häufig sind Phantasien die treibende Kraft hinter unserer normalen sexuellen Erregung; aber sie können auch eine Distanz zwischen Ihnen und Ihrem Partner schaffen. Dann ist es fast so, als schliefen Sie nicht mit ihm, sondern mit einem ganz anderen Menschen. Wenn Sie von der Idee besessen sind, der Orgasmus sei der einzige Beweis für guten Sex, wird beim Liebesakt vielleicht eine angespannte Atmosphäre herrschen, weil Sie Versagensängste haben und glauben, sich besonders „anstrengen" zu müssen.

▲ *Diese alte hinduistische Skulptur zeigt, wie die kosmische Kundalini-Energie aufsteigt, während Gott und Göttin in sexueller Ekstase miteinander verschmelzen.*

Kultivieren Sie die Stille in Ihrer sexuellen Beziehung, und lassen Sie Ihre Bewegungen spontan fließen, statt sie vorauszuplanen.

Durch sanfte Bewegungen Ihres Beckens erreichen Sie, daß der Penis Ihres Liebhabers erigiert bleibt, ohne ihn zu sehr zu stimulieren, während Sie in tiefer körperlicher und seelischer Vereinigung beisammenliegen.

Augenblicke der Stille während des Liebesakts schaffen einen Raum, in denen Ihre Vertrautheit wachsen kann. Durch gemeinsames Atmen und Blickkontakt entsteht eine tiefere Harmonie zwischen Ihnen.

EINSSEIN MIT DER NATUR

▲ *Ein gemeinsamer Strandspaziergang bringt Sie in engen Kontakt mit den Elementen der Natur.*

Das Erlebnis der Einheit mit der Existenz ist der wichtigste Grundsatz des Tantra. Nach der tantrischen Lehre sind wir wie alle manifesten Aspekte der Natur ein Teil der kosmischen Schöpfung, die aus der vollkommenen, harmonischen Vereinigung zwischen den männlichen und weiblichen Energien des Universums entsteht. Durch den Liebesakt, die Meditation und unsere Beziehung zu unserer natürlichen äußeren Umgebung können wir das Glück erfahren, das aus dieser Vereinigung entsteht.

Tauchen Sie in das natürliche Wunder der Existenz ein, indem Sie sich ernsthaft vornehmen, sich regelmäßig von Ihren häuslichen und beruflichen Verpflichtungen loszulösen und gemeinsam den Zauber der Schöpfung wiederzuentdecken. Gehen Sie in einer warmen Mondnacht an den Strand; legen Sie sich in den Sand, schauen Sie zu den Sternen empor und lauschen Sie dem Rauschen des Ozeans oder dem sanften Plätschern der Wellen. Wandern Sie durch einen Wald, und erforschen Sie die Myriaden von Lebenssystemen, die er in sich birgt, oder schlendern Sie über einen weichen Wiesenteppich und suchen Sie nach Blumen. Setzen Sie sich ans Ufer eines Flusses, hören Sie dem Zwitschern der Vögel zu und beobachten Sie, wie die Insekten summend über dem Wasser tanzen. Feiern Sie gemeinsam die Macht der Schöpfung, und spüren Sie, daß Sie ein Teil dieser Herrlichkeit sind.

Stimmen Sie sich auf die fünf Elemente der Existenz (Erde, Wasser, Feuer, Luft und Raum) ein, die nach dem Gesetz des Tantra jeweils mit einem der ersten fünf Chakren des menschlichen Körpers in Verbindung stehen. Nach östlicher Überlieferung beinhalten alle Aspekte des Lebens diese fünf Elemente, und wenn sie sich im Gleichgewicht miteinander befinden, entstehen Harmonie und Gesundheit. Tantra lehrt, daß der ekstatische Liebesakt die fünf Elemente in unserem Körper ins Gleichgewicht bringt und uns neue Lebenskraft und neues Glück schenkt. Werden Sie sich dieser Elemente bewußt, wenn Sie mit Ihrem geliebten Partner draußen in der Natur sind.

▶ *Die Stille der Wiesen und Wälder bietet Liebenden einen friedlichen Zufluchtsort.*

▼ *Die majestätische Schönheit schneebedeckter Berge kann in uns ein tiefes Gefühl der Einheit mit der Existenz wecken.*

DIE FÜNF SINNE

Tantra lehrt, daß der Körper der Tempel unserer Seele ist und daß wir durch seine Sinne beginnen können, das ekstatische, göttliche Wesen der Existenz zu erfahren. Leben Sie Ihr Leben voll und ganz; geben Sie sich dem Genuß und der Sinnlichkeit hin, tun Sie aber gleichzeitig alles mit Bewußtheit. Wir erleben die Genußfähigkeit unseres Körpers durch unsere Sinne: Geruchs-, Geschmacks-, Gesichts- und Tastsinn und Gehör. Sie stehen genau in dieser Reihenfolge mit den ersten fünf Chakren in Verbindung: Basis-, Nabel-, Solarplexus-, Herz- und Kehl-Chakra. Indem Sie alle fünf Sinne in Ihre Interaktionen mit der Außenwelt und in Ihr Liebesspiel einbeziehen, steigern Sie Ihre Fähigkeit zu Genuß und Freude. Achten Sie darauf, daß Ihre Sinne nicht abstumpfen. Bauen Sie immer wieder besondere Augenblicke in Ihren Alltag ein, in denen Sie – allein oder mit Ihrem Partner – jeweils nur ein bestimmtes Sinnesorgan stimulieren.

▲ *Genießen Sie spezielle Düfte, und spüren Sie den Gefühlen und Stimmungen nach, die in Ihnen erwachen, wenn Sie die vielen natürlichen Gerüche Ihrer Umgebung einatmen.*

▲ *Auch den Geschmack Ihrer Nahrungsmittel und Getränke sollten Sie ganz bewußt genießen. Essen und trinken Sie langsam, um jedes einzelne Aroma auszukosten.*

Lassen Sie Ihre Hände empfänglich für Sinneseindrücke werden. Vermitteln Sie Ihrem Liebespartner mit Ihren Liebkosungen Ihre Gefühle.

Schauen Sie in einem abgedunkelten Raum in eine flackernde Kerzenflamme. Entspannen Sie Ihre Augen, so daß Sie die Gegenstände in sich aufnehmen, statt sie mit starrem Blick zu fixieren.

Liegen Sie still beisammen, und hören Sie Musik. Intensivieren Sie Ihre Empfänglichkeit für das Geschenk der Klänge. Lauschen Sie aufmerksam den Geräuschen der Natur.

Eine heilige Stätte der Liebe

Die Umgebung, in der Sie sich lieben, muß sehr sorgfältig ausgewählt werden; sie sollte Sie sowohl in sinnlicher als auch in spiritueller Hinsicht beflügeln. Wenn Sie mit Ihrem Liebespartner in diesen Raum gehen, sollten Sie sich so fühlen, als beträten Sie eine heilige Stätte der Liebe. Im alten Indien verwandten die Schüler des Tantra große Sorgfalt darauf, eine besonders weihevolle Umgebung für ihre sexuellen Rituale zu schaffen. Sie glaubten, daß die äußere Umgebung einen großen Einfluß auf unsere körperliche, geistige und seelische Verfassung hat und daß Farben, Materialien, Düfte, Blumen, Gegenstände, Klänge und Beleuchtung die Sinne anregen und die Chakren aktivieren, so daß die tantrischen Liebenden empfänglicher füreinander und für die Göttlichkeit ihrer sexuellen Vereinigung werden. Richten Sie Ihr Liebes-

▼ *Mit Bedacht ausgewählte Stoffe, Düfte, Kerzen und Blumen können ein erhebendes, beflügelndes Ambiente für die Liebe schaffen.*

nest sorgfältig und liebevoll ein, so daß seine Atmosphäre das gesamte Erlebnis Ihres Liebesakts intensiviert. Entfernen Sie alle unschönen Gegenstände aus dem Zimmer und auch unter dem Bett. Bedecken Sie das Bett mit weichen, natürlichen Stoffen in warmen, erdigen, romantischen Farben. Oder drapieren Sie weiche Materialien rund um das Bett wie einen Baldachin. Die traditionellen tantrischen Farben sind Ocker, Rot und Orange; ihnen wird eine sexuell stimulierende Wirkung zugeschrieben. Füllen Sie den Raum mit weichen kleinen und größeren Kissen, auf denen Sie entspannt liegen und die Sie auch als bequeme Stütze für Ihren Körper benutzen können. Zünden Sie Kerzen an, in deren sanftem Schein Sie Ihre Haut baden können, und parfümieren Sie den Raum, indem Sie ätherische Öle in eine Duftlampe geben. Es sollte eine Mischung aus aphrodisierenden und spirituell erhebenden Düften sein. Stellen Sie schöne Blumen auf einen Altar, den Sie Ihrer Liebe geweiht haben. Auch Musik kann dazu beitragen, Sie in die richtige Stimmung zu versetzen, zu entspannen und füreinander zu öffnen.

▶ *Dieses indische Kunstwerk, das um das Jahr 1800 entstanden ist, zeigt ein Liebesgemach, das eigens für das liebende Paar eingerichtet wurde.*

Der göttliche Liebesakt

Räumen Sie Ihrem Liebesakt einen wichtigen Stellenwert ein, selbst wenn Sie das Gefühl haben, mit anderen Verpflichtungen überlastet zu sein. Mit dem tantrischen Liebesakt laden Sie das Heilige ein, in Ihre sexuelle Vereinigung einzuströmen.

Planen Sie die Zeit, in der Sie sich dem tantrischen Liebesspiel widmen, sorgfältig voraus. Bereiten Sie Ihren tantrischen Raum so vor, daß er warm ist, duftet und ästhetisch und einladend wirkt. Baden und salben Sie sich gegenseitig, so daß Ihre Körper sich frisch und rein anfühlen und Ihre Sinnlichkeit angeregt wird. Setzen Sie sich nun zunächst in Ihren Raum, und meditieren Sie gemeinsam. Genießen Sie gemeinsam eine kleine Mahlzeit aus köstlichen kleinen Häppchen und Früchten. Füttern Sie sich gegenseitig mit diesen kleinen Leckerbissen, um Ihre Geschmacksknospen anzuregen. Bieten Sie einander ein Glas Wein oder frischgepreßten Fruchtsaft an. Wenn Sie möchten, können Sie einander auch massieren.

▲ *Nehmen Sie sich Zeit, das heilige Geschenk der Liebe, das Sie beide zu Ihrem Liebesakt beisteuern, zu würdigen.*

Liegen Sie still und ineinander verschlungen da, beginnen Sie im gleichen Rhythmus zu atmen, und lassen Sie Ihre Körper miteinander verschmelzen. Küssen und streicheln Sie sich, um sanft die sexuelle Energie zu wecken. Sehen Sie ineinander das Bildnis eines Gottes und einer Göttin. Ehren Sie den Körper des Partners als Tor zum Göttlichen, und bedecken Sie seine intimsten Stellen mit Küssen wie bei einem Akt der Gottesverehrung. Lassen Sie sich von der warmen Welle der sexuellen Erregung davontragen, atmen Sie tief in Ihr Becken hinein und lassen Sie Ihre Empfindungen von den Geschlechtsteilen nach oben aufsteigen und durch Ihren ganzen Körper strömen. Stellen Sie sich vor, wie Ihre sexuelle Energie bei jedem Ausatmen in ein höheres Chakra aufsteigt. Immer wenn einer von Ihnen zu erregt wird, kehren Sie wieder in die Stille zurück und lösen Sie sich von allen Gedanken an ein bestimmtes Ziel dieses Liebesspiels. Vielleicht kommt es zum Orgasmus, vielleicht auch nicht; aber er ist nicht mehr der Zweck Ihrer sexuellen Begegnung. Statt dessen verschmelzen Sie in einem Akt tiefer, göttlicher Verbundenheit miteinander.

▼ *Der tantrische Liebesakt ist eine freudige Erforschung Ihrer physischen und spirituellen Natur.*

Die bewusste Leidenschaft des Mannes

Als Mann müssen Sie lernen, Ihre Leidenschaft zu mäßigen, damit Sie den Grad Ihrer sexuellen Erregung unter Kontrolle behalten und den Samenerguß vermeiden – zumindest bis zu dem Augenblick, in dem er für Sie selbst und Ihre Partnerin gleichermaßen befriedigend ist. Sie müssen die Frau selbstlos lieben und darauf achten, daß sie den höchsten Grad ihrer sexuellen Befriedigung erreicht.

Verlieren Sie sich nicht in sexuellen Phantasien, und lassen Sie sich auch nicht Hals über Kopf in einen Strudel sexueller Erregung hineinziehen. Versuchen Sie lieber, im Augenblick zu bleiben und die intime Verbindung zu Ihrer Partnerin aufrechtzuerhalten. Richten Sie Ihre ganze Konzentration auf Ihre Geliebte als die Göttin Ihrer Träume, so daß Sie mit Ihren Liebkosungen jeden Teil

▲ *Wenn Ihre Leidenschaft überzuschäumen droht, hören Sie mit den Stößen auf und verharren regungslos. Heben Sie den Kopf, atmen Sie langsam und ruhig und konzentrieren Sie Ihre Gedanken.*

▶ *Immer wenn Ihre Erregung zu groß wird, müssen Sie Ihr inneres Gleichgewicht und die Kontrolle über sich selbst wiedererlangen. Halten Sie einander eng umschlungen, und atmen Sie gemeinsam tief durch.*

▶ *Erkunden Sie gemeinsam verschiedene Stellungen, die Ihnen helfen, Ihre Erregung unter Kontrolle zu halten. Wenn Ihre Geliebte Ihnen die Beine auf die Schultern legt, können Sie tief in sie eindringen, ohne dabei übermäßig stimuliert zu werden.*

▲ *Wenn er ihren Körper zu einem „Paket" zusammenschiebt und sie ihre Füße an sein Herz-Chakra drückt, kann sie sich ganz seiner Kraft und Männlichkeit hingeben.*

ihres Körpers verehren und anbeten. Lassen Sie sich entspannt in dieses „Plateau" der sexuellen Erregung hineinsinken, bleiben Sie bewußt unterhalb der Orgasmusschwelle. Lassen Sie Ihre Leidenschaft wieder abkühlen, indem Sie Ihre Bewegungen verlangsamen, die Augen schließen, gleichmäßig durch die Nase einatmen und Ihre Gedanken auf Ihre Atemzüge oder auf irgendeinen anderen Punkt konzentrieren. Vermeiden Sie heftiges Atmen, denn das führt zum Kontrollverlust. Achten Sie auf den Rhythmus Ihrer Stöße; wenn Sie zu erregt sind, ziehen Sie Ihren Penis zurück und lassen ihn an der Scheidenöffnung Ihrer Geliebten ruhen, bis Sie Ihr inneres Gleichgewicht wiedererlangt haben. Halten Sie einander eng umschlungen, und atmen Sie im gleichen Rhythmus. Nach der tantrischen Lehre stärken die Scheidensäfte der Frau den Mann; also stellen Sie sich vor, daß Sie ihre Sekrete in sich aufnehmen. Dringen Sie erst dann wieder mit tiefen Stößen in sie ein, wenn Sie den Grad Ihrer Erregung unter Kontrolle haben.

Die fortgeschrittenen yogischen Techniken des traditionellen Tantra erfordern jahrelange hingebungsvolle Disziplin und Anleitung durch einen vollendeten Meister. Doch es gibt auch einige Techniken der Zurückhaltung des Samenergusses. Wie viele östliche Traditionen kennt auch die Lehre des Tantra den Energiekörper und die Bahnen seiner Meridiane. Sie empfiehlt, auf bestimmte Meridianpunkte Druck auszuüben, um eine vorzeitige Ejakulation zu verhindern. Wenn Sie das Gefühl haben, daß der Samenerguß kurz bevorsteht, wölben Sie das Rückgrat, heben den Kopf und atmen tief durch. Gleichzeitig üben Sie mit dem Zeige- und Mittelfinger der linken Hand Druck auf die Stelle zwischen Hodensack und After aus. So können Sie den Samenfluß aus der Prostata blockieren. Eine andere Technik besteht darin, die Zunge gegen den Gaumen zu drücken und dabei gleichzeitig Ihre Gedanken und Atemzüge ruhig werden zu lassen oder aber die Zunge einzurollen und damit wie durch einen Strohhalm kühlende Luft einzusaugen. Vertrauen Sie auf Ihre Männlichkeit und Kraft, denn für Ihre Geliebte sollten Sie zum Gott werden, der die Göttin in ihr liebt. Aber lassen Sie auch den sanften, sinnlichen, Aspekt Ihrer Sexualität zum Vorschein kommen, damit Ihre weibliche Seite und Ihre Männlichkeit eins miteinander werden. Lernen Sie, sich ganz auf das Wesen des Orgasmus Ihrer Geliebten einzustellen. Geben Sie ihr die Freiheit, sich sexuell auszudrücken, und widmen Sie sich ganz ihrem Glück. Experimentieren Sie mit verschiedenen Stellungen, die Ihnen beiden Genuß verschaffen, bei denen Sie als Mann den Zeitpunkt Ihres Orgasmus aber möglichst gut unter Kontrolle haben.

▼ *Die „Löffelchen"-Stellung eignet sich hervorragend für Augenblicke des stillen Verschmelzens. Durch sanfte Bewegungen ihres Beckens bleibt sein Penis steif.*

DIE SEXUELLE KRAFT DER FRAU

Die tantrische Liebe ist eine sehr befreiende Erfahrung – eine Bestätigung Ihrer Weiblichkeit und Ihrer weiblichen Sexualität. In der tantrischen Tradition gilt die Frau als die kreative Kraft, die die sexuelle Energie entfacht, und als das Medium, durch das diese Energie sich in Ekstase verwandelt. Ihr sexuelles Glück und Ihre Erfüllung sollte von äußerster Wichtigkeit sein. Ihr Partner soll Ihren Körper anbeten, denn nach der Lehre des Tantra ist er das göttliche Werkzeug der heiligen Sexualität. Kein Teil Ihres Körpers ist peinlich oder beschämend, denn laut Tantra sind Ihre Schamlippen und Ihre Scheide die himmlischen Tore zur Reise der Glückseligkeit, und Ihr Scheidensekret ist der Nektar, der Harmonie und Gleichgewicht zwischen Ihnen und Ihrem Liebespartner herstellt. In der tantrischen Liebe wird das Wesen des weiblichen Orgasmus verherrlicht, denn die Frau gilt als diejenige, die während des sexuellen Höhepunkts an Energie gewinnt. Im Tantra dürfen Sie Ihren Orgasmus so lange ausdehnen, wie Sie möchten, solange Sie dabei bewußt mit Ihrem Liebhaber verbunden bleiben und ihm helfen, den Liebesakt zu verlängern. Haben Sie keine Angst davor, sich sexuell zu behaupten und die überlegene Position einzunehmen. Sitzen Sie rittlings auf ihm, während er bewegungslos auf dem Rücken liegt. Steuern Sie die Bewegungen und die Tiefe seines Eindringens, so daß er sich ganz auf seinen Atem und die Stille in seinem Inneren konzentrieren kann. Lassen Sie sich bei Ihren Bewegungen, Lauten und Seufzern von Ihren natürlichen Impulsen leiten. Stellen Sie sich vor, wie Ihre sexuelle Energie nacheinander durch Ihre Chakren aufsteigt und sich dabei jedes Chakra entfaltet wie eine Blüte. Geben Sie sich ihm ganz hin, und verehren Sie seine Geschlechtsteile; berühren und küssen Sie sie wie in einem Akt der Andacht.

▲ *Seien Sie wild, ungezügelt und ekstatisch, aber achten Sie dabei stets auf den Grad seiner Erregung.*

▶ Umschlingen Sie seine Oberschenkel mit den Schenkeln, spannen Sie Ihre Scheidenmuskeln abwechselnd an und lockern Sie sie wieder. Dadurch helfen Sie ihm, seine Erektion zu behalten. Stimmen Sie sich dabei intensiv aufeinander ein.

▶ Wenn Sie beweglich genug sind, wölben Sie Ihren ganzen Körper nach hinten und atmen tief, um Ihre Chakren der aufsteigenden orgasmischen Energie zu öffnen.

Ekstatische Liebesspiele

Der Schlüssel zum ekstatischen Liebesakt ist das Gefühl des Miteinander-Verschmelzens, bei dem es Ihnen so vorkommt, als seien Sie beide ein Körper, eine Seele und ein einziger fließender Energiestrom. Ihre Vereinigung ist so intensiv, daß es keinen Unterschied mehr zwischen seinem männlichen und ihrem weiblichen Wesen zu geben scheint. Es ist, als sei Ihre Geliebte ganz in Ihnen, dem Mann, aufgegangen; und Ihr männlicher Liebespartner hat sich in Ihnen – der Frau – aufgelöst. Wenn Sie sich so völlig aufeinander einstimmen, werden Sie nach einer gewissen Zeit die Empfindungen Ihres Partners in Ihrem eigenen Körper spüren. Das bedeutet, daß Sie sich nicht nur mit Ihrem äußeren Liebespartner vereinigen, sondern dabei gleichzeitig mit der männlichen oder weiblichen Seite Ihres Wesens in Verbindung treten können. So werden Sie innerlich ganz, und die bipolaren Energien in Ihrem Inneren vereinigen sich miteinander. Ihr Ziel beim tantrischen Liebesakt ist es, Ihre orgasmische Energie in sich selbst aufzunehmen, damit sie zu Ihrem Scheitel-Chakra aufsteigen kann, dem traditionellen Sitz der tantrischen Glückseligkeit.

▲ *Lieben Sie sich in der klassischen tantrischen Stellung „Yab-Yum", in der die Frau auf dem Schoß ihres Partners sitzt, sanft ihr Becken bewegt und allmählich in sexuelle Ekstase gerät.*

Das Tantra bevorzugt bestimmte Stellungen, weil der Liebesakt dadurch ekstatisch und meditativ wird. Wenn Sie beide mit gerader Wirbelsäule dasitzen, kann der Mann seine Leidenschaft leichter mäßigen. Außerdem befinden Mann und Frau sich dann im Gleichgewicht; keiner von beiden spielt eine beherrschende oder unterwürfige Rolle. Atmen Sie im gleichen Rhythmus, wiegen Sie sich sanft hin und her und verschmelzen Sie ganz eng miteinander, bis ein Gefühl der Segnung auf Sie herabkommt. Denken Sie daran: Sie haben bei Ihrem Liebesakt kein anderes Ziel, als mit dem Heiligen in Ihrem Partner in Berührung zu kommen. Vielleicht erleben Sie einen Orgasmus, vielleicht auch nicht; doch wenn die vibrierende Energie des Orgasmus Sie auf eine andere Ebene des sexuellen Bewußtseins emporgetragen hat, lassen Sie sich gemeinsam in diesen glücklichen, befreienden Strudel hineinfallen.

▲ *Geben Sie sich einander beim Liebesakt völlig hin, so daß Sie ein Körper, eine Seele und eine einzig fließende Bewegung freudiger Energie werden.*

▲ *Nach dem Liebesakt ruhen Sie sich aneinandergeschmiegt aus, um eng miteinander verbunden zu bleiben, während Sie allmählich wieder in Ihr eigenes Selbst zurückkehren.*

Register

Bildnachweis

Der Verlag dankt folgenden Agenturen und Institutionen, die Fotos für

dieses Buch zur Verfügung gestellt haben: Dinodia Picture Agency, Bombay S. 6 (Mitte), S. 10 (unten rechts), S. 46; Tony Stone Images S. 48, S. 49 (oben rechts und unten); e.t. archive S. 24, S. 53; Mary Evans Picture Library S. 8 (links); Ancient Art and Architecture Collection S. 9 (oben).